T0147061

CUANDO EL VIENTO ES AMIGO

Héctor Manuel Gutiérrez

CUANDO EL VIENTO ES AMIGO

Front cover image: Window, Palacio da Pena, Sintra, Portugal, by Aida Maritza Gutiérrez.
Back cover image: Gate, Palacio da Pena, Sintra, Portugal, by Aida Maritza Gutiérrez.

iUniverse books may be ordered through booksellers or by contacting:

iUniverse
1663 Liberty Drive
Bloomington, IN 47403
www.iuniverse.com
1-800-Authors (1-800-288-4677)

ISBN: 978-1-5320-7191-1 (sc)
ISBN: 978-1-5320-7192-8 (e)

Print information available on the last page.

iUniverse rev. date: 04/16/2019

A Aida, esposa, amiga y compañera

A mis hijos, Héctor, Sergio, Ailén y Nancy;
mis nietos, Julián, Lucía, Benjamín y Madison;
mis hermanos, Mercedes, Giovanna y Giovanni;
mis padres, Giovanni y Estela.

A mis amigos Francisco Tirado, Luis Bosch,
María Elena Villalba, Eugenio A. Angulo, Inés Anido,
Insulano Fénix de Favila, y don Ínsulo Baratario.

Un especial agradecimiento a mis antiguos profesores:
Dra. Diana Ramírez de Arellano, Dr. Rafael I. Olivar Bertrand,
Dra. Raquel Chang-Rodríguez, Dra. Ángela B. Dellepiane,
Dr. Olivio Jiménez, Dr. Reinaldo Sánchez, Dra. Florence Yudin,
Dr. Erick Camayd-Freixas.

A los que se quedaron en mí o me hicieron volver: Rimbaud, Mallarmé, Baudelaire, Lorca, Delmira, Borges, Pavese, Juana, Cortázar, Bolaño, Sarduy, Neruda, Lezama Lima, Alfonsina, Huidobro, del Casal, Silvina, Whitman, Martí, Vallejo, Julia, del Cabral, Paz, Diego, Idea, Piñera, Magali, Benedetti, Silva, Dulce María, Felipe, Alberti, Rilke, Gabriela, Oteiza, Sor Juana, Mir, Poe, Eliot, Ida, Padilla, Hernández, Colinas, Emily, Baquero, Kavafis, Rumi, Alejandra, los Guillén, las Marguerites, los Machado, Gelman, Reina María, Mujica…

Preludio

Pobre del escritor que muere satisfecho de su primer libro. Pobre del poeta que no busca desarrollo en su trayectoria, no importa cuán larga o corta su caminata en el loco universo de la creación literaria.

ÍNDICE

SONES Y COPLAS

UNDA MARIS

VOIX CELESTE

APÉNDICE

A MANERA DE PRÓLOGO

Hoy que siento que no puedo con tanto viento enemigo, me llega este otro de Héctor Manuel Gutiérrez; uno distinto, refrescante, inusitado, amigo. Un cuaderno extraño, con una propuesta similar a la de su libro anterior: *Cuarentenas: segunda edición* —una extensión, me atrevería a decir—, siguiendo el juicio de Bruno Rosario Candelier, para quien "la primera obra de un escritor contiene el germen de toda su obra posterior", por lo que también creo que vienen anunciados en su ponencia inicial los rasgos principales de su creatividad. Sin duda, en éste conserva el tono humorístico, el dato revelador de una aventura vital; conserva los giros y sentidos del lenguaje y ese deseo de conceptualizar y explicar las cosas como él las percibe. En sus tres libros descubro cierta avidez gustosa de narrar acontecimientos trascendentales que el poeta quiere perpetuar. Son páginas testimoniales. Testimonio existencial y al mismo tiempo efusividad ante las cosas del diario vivir.

Cuando el viento es amigo es lo que pudiera llamarse un libro que trata de encerrar la lucidez de la convivencia; que mira el discurrir, el vacío y las pequeñas y grandes desventuras de la existencia. Diría que en este acercamiento hay una creíble voluntad de sobrevida y un deleitable regodeo en la realidad que el autor intenta mostrarnos sin adornos. Allí el mundo enunciado es todo real, donde el entorno social se manifiesta, lo práctico es lo absoluto; donde el lenguaje lexicalizado se impone en la edificación de los versos.

De cuaresma es este viento para traer recuerdos que entibian el alma, sobrellevando angustias y certidumbres, impulsando nuevas esperanzas. Viento cercano que comparte con la tierra, que llena de alivio sus propias hendiduras, que resiste el calor: un viento sereno que incita a la contemplación. Pero —no se engañe el que lee— no es un viento dócil. Que calma, sí, pero también rebelde, que se empeña en llegar a donde quiere, que impulsa, no al animal de carroña que va a alimentarse del despojo, sino al isleño fénix que emerge ileso "forjador de sus propios laberintos". Viento que estremece, que repite los mismos horizontes, que se va y regresa en esa confusión del diálogo; que deja en lo desnudo de la herida un mosto y una conciliación, —y ¿por qué no?—, pedazos de silencio: un silencio incurablemente nuestro. Y no es que no haya aquí esos otros vientos que vienen de la vida y de la muerte, y que en ocasiones nos sacuden al desnudar las realidades. El viento que suele ser símbolo de destrucción y caos, en este libro llega con una impronta de benignidad, impregnado de sabiduría, de quien aspira a hacernos inteligible la existencia; de quien cuenta con el pasado y con esa cotidianidad que va construyendo día a día. Un entramado jugoso que mezcla los géneros para alcanzar la individualidad de un género que recrea y vislumbra el autor para asombrarnos. Textos refrescantes y renovadores que en su multiplicidad asignan una legitimación a esas pericias descritas en prosa o a través de la sensibilidad de su producción poética.

Gutiérrez sabe nombrar lo próximo, sus argumentos recogen ese estado afectivo hacia las cosas que lo rodean. Sabe lidiar con la enorme carga de sugerencia que hay en las palabras para declararnos sencillamente la belleza de lo real. Sin perder jamás el tono meditativo, aledaño, ensimismado, sin apartar la mirada, sin dejar de mirar directamente a sus semejantes en sus escenarios habituales. Escribe en concordancia con la realidad que contempla, con una intensidad que puede llegar a ser refinada o trágica, simpática o sutil; en ocasiones, con un tremendismo ingenuo nos representa las fuerzas de las identidades en lo común de la convivencia. Entras en esa corriente y te arropa un sosegado fluir, impulsado siempre por ese latido imparable de la vida. Si la poesía es, como diría Dulce María Loynaz: un tránsito a la verdad, Gutiérrez nos acerca a su verdad desde la poesía.

Sabemos que la poesía no es de nadie. Ella conserva intacta su esencia de libertad, es lo sublime e imperecedero; pero así como Dios es superior y se manifiesta a través de su creación, también hay poetas que pueden mostrarnos una parte de esa gloria de la poesía. Estamos frente a uno que se atreve a mostrarla aun cuando se dude de su utilidad. Insiste en mostrarla, no cree que para que la poesía sea válida tenga que ser aceptada por todos. Escribe una poesía de conceptos, intelectiva, tranquila, pensada para transmitir sensaciones con la mayor naturalidad posible, en ocasiones con la dificilísima sencillez por la que abogara Azorín en punto de estilo, y en otras con esa aprehensión del ser en las cosas, con ese "sentir religiosamente la realidad cotidiana" que expresara Francis Ponge. Una poesía que no busca los símbolos en las cosas sino más bien las propias cosas, que se expresa imitando la fluidez del habla, sin perder el sentido común ni el sentido del humor. Esto quizás sea lo que más atraiga de estos textos. Esa manera lozana y casi cándida con que el autor va desovillando y desentramándonos el mundo, su mundo. No falta el juego con la ironía, el individuo en su extrañeza, en su enajenación, en ese engranaje de falsear y tergiversar que ha aprendido de sus maestros. Independientemente de su construcción poética, lo que hace que su obra sea singular es, sin duda, la propuesta un tanto reveladora que nos hace el autor.

Reconocemos que todos estamos en deuda con Poe por su "filosofía de la composición", al declararnos los procedimientos de escritura de sus poemas, y esa novedosa exploración que nos lleva a continuar la vieja pregunta: ¿Qué es lo que hago cuando escribo? Suponemos que el autor debió encontrar una fascinación allí para crear sus cuarentenas. En ellas no sólo describe el estado anímico en que se concibe una obra de arte, sino que avanza y adelanta influido además por el estilo borgesiano o la ficción trascendental de Pessoa.

En *Cuando el viento es amigo*, el autor persiste en el deseo de engendrar un texto múltiple que promueva participar de su espíritu de creación y reinventar. Hace algo más que crear personajes desde la ficción; recrea una situación hipotética donde el que escribe es el lector; lo saca de su estado pasivo; ya no es el que escudriña con su ojo crítico: ahora le da voz, y desde la escritura se aventura a iniciar el diálogo. Esa manera de pensar en sus lectores nos acerca a la filosofía de María Zambrano, para quien "el público existe antes de que la obra haya sido o no leída, existe desde el comienzo de la obra... Y así el escritor no necesita hacerse cuestión de la existencia de ese público, puesto que existe con él desde que comenzó a escribir. Y eso es su gloria, que siempre llega respondiendo a quien no la ha buscado ni deseado, aunque sí la presente y espere para transmutar con ella la multiplicidad del tiempo".

Abandonado en ese aire purificador que es la poesía, nos confiesa: "Como un Pierrot, se me antoja a la vez estar plácida y angustiosamente incursionando al otro lado de la realidad. Me veo empapado por una intensa lluvia de estímulos, hirviéndome en un extraño conocimiento de percepciones que me urge transmitir: no pido nada a cambio. Me conformo con lo mínimo. Me conforta la libertad escondida tras las cosas".

Y, en efecto, nos deslumbra con el ejercicio de una retórica bien asimilada. Confiesa su deuda con esa tradición que lo antecede. Nos invita a ver el mundo desde la poesía: "Lejos, frente a la cáscara de las cosas, más acá de su dermis engañadora, quedaban la rigidez de la gramática, los maestros que odian la prosa, los colegas que no me creen poeta, y los amigos enemigos de mis preferencias sintácticas. Allá quedaba una mujer que, llena de celos horizontales, me acusa de miope, ladrón de cronos semánticos y creador de etimológicas infidelidades. Se empecinan en buscar al yo que escondo o se esconde. Cuestionan obsequios de albergue y pociones de alimento a mis personajes, resienten el cohabitar con mi afición. No importa. Reales o irreales, a cada uno escuché. De todos aprendí". En nuestro autor, trasciende esa reciprocidad, esa manera loable con que devuelve lo que ha enriquecido su vida. Es creador que aprende y sabe dar más de lo que recibe. Excelente comunicador que entiende la importancia de continuar la enseñanza y prolongarla. Maestro y aprendiz. Se sabe poeta, posee como pocos la lengua de los enseñados. La poesía lo ha vuelto unánime, comunicativo.

El mundo de nuestras emociones es un lugar pequeño, reducido, pero el mundo de la contemplación poética es trascendente: no lo alcanzamos a palpar con nuestros sentidos. Es un mundo vasto, inagotable, infinito, un mundo que se vuelve alcanzable sólo por el poder que nos concede la poesía —y así lo entiende—, porque la poesía es un modo de lograr lo trascendente; el poeta sabe que el ser humano no hallará todas las respuestas a las angustias, por eso insiste en su búsqueda interior, indaga en su alter ego hasta transitar esos laberintos insalvables de la memoria. El yo lírico y el autor son la misma persona. "Lo impersonal no tiene ningún valor sobre la tierra" —según Nietzsche—; por eso el que escribe nunca estará ausente de su obra y mucho menos de su sentir poético. La poesía es de los pocos lugares donde podemos estar con nosotros mismos, un espacio cerrado donde nos encontramos con nuestra propia humanidad. La poesía es esa extensión única que nos conecta con los orígenes, con nuestro propio yo y con los sentimientos. Resulta algo poco acertada esta concepción en una sociedad como la nuestra, que quiere ridiculizar el sentimiento, porque, para muchos, "sentimientos" es sinónimo de debilidad. Pero poesía es también esa suma de vientos y tempestades, una fuerza descomunal que, si no atemperamos o embridamos, terminará esclavizándonos, arrastrándonos o provocando nuestro propio hundimiento. Conocemos lo destructiva que puede ser. Conocemos la fuerza de la poesía en toda su barbarie y desnudez. El poeta es un conciliador, refrena ese ímpetu de desolación y ruina y llena los hondos espacios con un aire templado, con presencias gravitantes que alcanzan dimensiones épicas; se construye una naturaleza sublimada a donde va en busca de sí mismo y de su inmortalidad. Lo que pronto será ausencia, no será nunca la poesía; ella se queda testimoniando en el tiempo, orbitando rumbo al siempre.

"Las sensaciones son imperios: los poetas, vasallos", sentencia el autor en esta entrega, haciéndose eco del pensamiento de Pessoa. Si para el lusitano "no poseemos más que nuestras propias sensaciones; en ellas y no en lo que ellas captan, tenemos que asentar la realidad de nuestra vida… Mis sensaciones son un epitafio, extenso por demás, sobre mi vida muerta. Me acontezco a muerte y ocaso. Lo más que puedo esculpir es sepulcro mío con belleza interior". Para Gutiérrez, por igual, las sensaciones desbordan la magia que mueve nuestra creatividad, despiertan un ansia de reminiscencias, son invocaciones, silencios que se llenan de sonoridades o ritmos, empujándonos a escribir.

De Rilke aprendimos que los versos no son sólo sentimientos sino también experiencias. Así, la poesía se escribe con recuerdos y nostalgias y con mucho silencio para indagar en el ser. Lo cierto es que la poesía todavía no es lo que queremos; por eso no dejamos de escribirla. Para algunos, el poeta trabaja partiendo de ideas; para otros la poesía nace sólo de las palabras, y para una minoría lo que impulsa el momento creador son las sensaciones. Lo cierto es que poesía es reflexión. El poeta, al saber pensar, desarrolla un gusto por esa búsqueda mental, esa agudeza de ver más allá de las cosas; aprende a leer en el espíritu de ellas los códigos indescifrables de la existencia. Palpamos aquí que la poesía es una hendidura por donde se filtra la luz para iluminar nuestros espacios más íntimos. Un viento cósmico que nos lleva a escudriñar el universo pero desde la individualidad. Un discurso integrador, de recomposición que se mueve en esos dos planos de la realidad: lo onírico y la memoria: "Algo me dice que es allí donde lo puesto y lo opuesto se unen, donde lo irracional es norma y lo invisible Poesía", dice nuestro poeta. Para Octavio Paz, en la poesía el hombre adquiere al fin conciencia de ser algo más que tránsito. Sabemos que poesía es permanencia, y ese deseo de eternidad nos tienta: de todos los hombres, es en los poetas donde prevalece esa aspiración de perpetuidad. *Ad perpetuam rei memoriam* —acentúa Gutiérrez—. Aspiramos a vivir después de esta existencia, en el recuerdo de algún alma que nos cite. Y es que la poesía está llena de presencias, aunque alimente la soledad. En ella se vive con esa convergencia de lo racional aunque oscile en estadios cercanos a la locura. La poesía guarda reminiscencias de ese mundo extraparadisíaco que nos antecedió. El poeta quiere ese reino de plenitud anhelado, vive la experiencia de la poesía, en esa concatenación, sin renunciar jamás. "Y aunque me faltes tú, me quedará la poesía", escribe. Tiempo y poesía forman una unidad utópica, como el fuego y la alquimia; dos entidades que pueden mezclarse, pero jamás diluirse. "Y percibo líneas de furor que se trazan a sí mismas, que definen por mí y en vez de mí". Así apresa vientos en su puño y riega la semilla de la vida, dueño de un universo verbal, conoce el misterio de la insinuación, el secreto que mantiene oscuro el eco de los cánticos.

Gutiérrez posee una voz genuina que sabe que proyectar la muerte es un ensayo y también que el poema es un ensayo: compacto, liberado, que nos encierra en su capacidad reflexiva. En "Arte poética" nos dice: "Vago ese espacio ontológico/ que me inundará de ilimitados infinitos y binarios sempiternos, cuando muera. Entonces, sólo entonces, los otros definirán mi ser/ y mi ausencia sincrónicamente asumirá el color de sus antojos".

En "El placer del texto"; otro poema que llama la atención por la sutileza del tema que propone, donde hace alusión a un extraño vínculo, a esa misteriosa conexión entre autores que no coinciden en un período de tiempo determinado, que ni siquiera se conocieron pero que de alguna forma se interrelacionan de un modo sorprendente:

> Borges y Barthes han de haberse criado en el mismo
> arrabal…
> Participarían de los mismos juegos dialécticos,
> se entrenarían en el mismo cuadrilátero,
> recibirían las mismas estrategias pugilistas,
> que establecen la norma en el convenio lúdico
> e invocan el compromiso con la palabra.
> Militantes de esa nueva dimensión de la ficción,
> de alguna manera se vinculan.
> ¿Qué intencionalidad de extraños enlaces los aúna?

Poesía es lo inalcanzable, seguirá alimentándose de futuro y de todas las realidades que el hombre descubra. La conciencia de que la poesía nos sobrevivirá es un consuelo: saber que quedará testimoniando al tiempo, como certeza de que el hombre, si es creación de ella, regresará. Si la poesía no muere, todo será repetitivo, habrá un volver siempre. Poesía que no traza caminos en la muerte. Ésa que nos levanta y reconcilia, que se integra a la vida. Victoriosa es esa poesía donde el hombre recobra su esperanza. También su prosa lleva frescura de pensamiento y profundidad: ligada a la vida, al conocimiento de la realidad a través de la experiencia inmediata de la propia existencia. Es el diálogo del hombre con la realidad, en un retorno hacia dentro, hacia el pasado y la memoria.

Gutiérrez nos convence con este libro de que no todos los vientos son malignos. Nos invita a devolver la mirada como quien busca la serenidad, la calma que hay después de la tormenta. Nos invita a detenernos en ese alivio que llega a ser para él la poesía. Quiere estar lejos de los ruidos que ensordecen y perturban la paz de la existencia. A la vez, incita a prolongar el canto. La manera en que ese canto telúrico se convierte en un descifrador de la vida y del pensamiento, ese transpirar la realidad sin rechazarla, son modos de motivarnos; porque "aún quedan dioses que inventar", y porque todavía hay tiempo de aprender a amar desde el corazón, a pesar de las sorpresas indelebles o lentas epifanías.

El autor trasciende en su labor estética. Le alcanzan el verbo y las nostalgias. Se arriesga desde su imaginario, y como aquel incansable hidalgo, se enfrenta a molinos de viento. Persiste, dialoga, batalla por rescatar la palabra de su actualidad, de su efímero y momentáneo ser, hasta tornarla luminosa. Y lo logra con ademán impregnado de veracidad, con un soliloquio largo y sostenido, que se integra al viento plural de la poesía.

Odalys Interián

INTROITO LÚDICO
A UN LIBRO PRESCINDIBLE

"¿Quién les dio la verdad absoluta? Nada hay absoluto. Todo se
cambia, todo se mueve, todo revoluciona, todo vuela y va."
Frida Kahlo

"Ah, que tú escapes en el instante en el que ya habías
alcanzado tu definición mejor." José Lezama Lima

…el poeta es, ante todo, responsable…"
Juan Ramón Jiménez

En una de las peñas literarias en que participo con regularidad, ciertos
amigos y colegas en la afición a la escritura han expresado que trajino en
una especie de estilo barroco caribeño. Unos lo han hecho con la mejor
de las intenciones y otros con fino sarcasmo. Sin dejar de reconocer que,
después de todo, la frase es un juicio crítico, les aseguro que no le di tanta
importancia a la improvisada categorización. No pocas veces me he reído y
hasta he celebrado la gracia, porque sé que a Lezama Lima se le asocia con ese
estilo, señalándosele, además, alguna carencia en su condición de escritor.
Carencia, insinúo, porque el crítico o crítica, en su labor de fijar categorías
para la posteridad, en ocasiones limita al autor o autora y la singularidad
con frecuencia resulta en cliché o forzado regionalismo. Al lidiar con la
necesidad de reseñar, el "detractor" primero se acomoda en una caterva
de referencias secundarias: edad, lugar de origen, academia, preferencia
sexual, ideología, más los pormenores de rigor apenas relacionados con la
obra. Una vez superado ese plano, éste se expone entonces a caminar en
arena movediza al ejercer el derecho de exaltar o depreciar. En definitiva,
el esfuerzo con frecuencia se convierte en un intento definitorio, que más
que atribuir, mengua. Convengamos, entonces, en que el comentario de
parte de mis compañeros no fue más que pura ingeniosidad de tertulia. Y
es que para mi consuelo, Lezama Lima, se acepte o no, al fin y al cabo es
paradigma. De modo que la esperanza es lo último que se agota.

Agradeciendo la amabilidad de la prologuista en aceptar mi pedido, y manteniendo la conexión temática, comprendo el dilema que a veces afrontamos cuando nos toca ensamblar un introito a la producción de un autor. No es fácil evaluar a alguien que no es, ni aspira a formar parte del canon literario. Pese a esto, en un tono más o menos serio, me hago eco de aquella frase de Picasso: "el arte es la mentira que nos permite comprender la verdad", y me adelanto a decir que en el momento en que nos atrevemos a emitir alguna opinión, por mínima o insignificante que sea, en realidad ya se empieza a escribirla.

Consiguientemente, imaginando que además de creador soy mi propio lector, me amparo en alguna licencia poética otorgada talvez por Cide Hamete Benengeli o el mismo Pierre Menard, y abrazo la tarea de agrupar unas notas preliminares. Leo las *cuarentenas*,[1] me familiarizo una vez más con la escritura, y desde mi perspectiva holística, me aventuro a insinuar que en éstas resalta más un apego a la búsqueda ascendente de conceptualizaciones, que a un juego de vuelcos alineados y expresiones rebuscadas o atractivas. Digamos que, reconstruyendo sus propias vivencias como cualquier otro poeta, el autor se enfrasca en un ejercicio epistemológico que apela y hermana, desafiando así la acostumbrada maraña que, como eterna maldición, existe entre pensamiento y palabra. Este dilema ya lo ha expuesto brillantemente el poeta Antonio Colinas en sus exhaustivos ensayos críticos y filosóficos. En ellos presenta, entre otras cosas, lo que él concibe como "la visión global de la existencia", para luego elaborar un conocido triángulo conceptual de elementos que, según su criterio, son imprescindibles a la hora de enfocarla y dimensionarla en el extraño lenguaje de la poesía; los cuales son: el sentido sagrado, el sentido científico y el sentido poético. Concentrándome en este último, puedo entonces

---

[1] Cuarentena. (Del latín *quadraginta*, 1206. U.t.c. adj.) f. Lapso animoadrenaclínico de aproximadamente cuarenta horas, en el cual, sin proponérselo, el escritor se sume en un estado cuasi-catatónico que se extiende hasta altas horas de la noche y culmina, a veces, ya en uno o dos poemas, ya en una especie de seminarración o crónica producida en primera persona de singular, de estilo avalánchico, asfixiante, insomne y a lo Silva, por lo regular de tono casi serio, y que, por su estructura y composición, no alcanza la categoría de cuento; asume el nombre del agitado período de concepción e incubación y por lo general no pasa de ser un tema más de discusión en oscuras tertulias. Las citas vienen de la segunda edición de *Cuarentenas*, julio de 2015. Las no numeradas provienen de *Cuando el viento es amigo*.

acercarme a la obra que abordamos. En ella encuentro una elaboración un tanto representativa de ciertos temas que, a falta de otro calificativo, son, como ocurre en su contemporáneo Molina, genuinamente existencialistas. En efecto, el autor evidencia reiteradamente, y con agradable soltura además, que en pos de la propia exégesis, lo instiga la intención de deliberar en las visiones de su fragmentada verdad. Para ello se coloca en activa postura, siempre moldeado por una condición estética condicionada por lo ético (fusión que se fundamenta en las enseñanzas de Ludwig Wittgenstein y Jacques Maritain y José Martí, es preciso aclarar). De modo que estamos frente a una actitud que, entre otras cosas, se empeña en apresar, cuestionar y definir las inquietudes que lo impulsan desde un mar de peripecias internas que, como se ve en el siguiente fragmento, lo hacen víctima y cómplice de las insinuaciones de su espíritu inquisitivo e instinto creador:

> Son ocurrencias que hierven como aceite de cocina,
> hasta extrapolarse a otra cosa…
> Digamos… un insignificante desafío
> que, por coincidencia, descubre compañía
> en las ebulliciones del instinto,
> o se disuelve en la amabilidad de una o dos letras
> y nos brinda la imposición de alguna imagen
> a veces plástica, a veces invisible,
> acariciando un recuerdo que no es más.
> Reconocer es encontrarse.[2]

Al adentrarme en las unidades textuales, noto que cualquiera de ellas parece pedir la incorporación de un elemento esencial a la "coyuntura" o argumento: una aparente (u obvia) musicalidad, como él mismo sugería

---

[2] Siguiendo la pauta de Saussure y Jacobson, a estas alturas es preciso señalar las coincidencias temáticas del autor con estos conocidos especialistas en su tratamiento del género poesía. Junto a otros elementos que no nombramos aquí por falta de espacio, en un sentido muy particular, el poema es también un signo. De ahí que, aunque bajo condiciones más específicas, sea parte integral de la semiótica, particularmente en lo concerniente a los nexos lingüísticos con la literatura. De hecho, es Jacobson uno de los responsables de reintroducir el término "poética," como "nueva" disciplina que propone métodos de acercamiento a las obras en literatura, vocablo que tiende a nutrir y en ocasiones sustituir al término "crítica literaria".

en las dos primeras tiradas de su *Cuarentenas*. En aquel entonces, en plena caza de este maridaje, y recurriendo a la analogía del café, nos adelantaba que, dentro de su cosmovisión, un poema es:

Semisacrificio de envoltura.
Sugerencia sutil
de fuego y alquimia.
Exacto volumen de melaza,
agua y moreno polvo.
Esencia,
no figura.
Empírico tanteo,
mágico impacto de diseño y ánima.[3]

De ello deduzco que en este autor ese periplo literario que llamamos poesía, además de indefinible, es, entre ilimitadas posibilidades, aparejo que nos presenta una colectividad de locuciones concebidas en contextos aparentemente cotidianos, particularmente los que giran alrededor de las contingencias del amor, entidad perturbadora que con frecuencia cava las paredes del pensamiento, y se instala, con crujiente intensidad, donde la angustia existencial es aun más visceral. Sin embargo, otra lectura más aguda, me revelaría una riqueza de planos ontológicos que se encuentran muy a gusto en las oscuras lucubraciones de Nietzsche y Hiedegger, particularmente aquellas que abundan en la relevancia del tema de la estética en el discurso de sociedades en movimiento. En ellas encontraremos por igual, asomos inter-textuales fieles a las andanzas fenomenológicas de Bachelard y Maritain, o al "verbo causativo" de Sartre. En su entrenamiento como lector y escritor, actividad que lo hace capaz de comprometerse en la empresa, este autor cuenta por igual su tránsito a través de las concurrencias del arte y la filosofía en Adorno, por mencionar un manojo de las voces que moldean su imaginario. De paso, cabe resaltar que es precisamente en esas inquisiciones metafísicas donde parece reincidir con marcada tenacidad la voluntad creativa de este poeta. Felizmente, debo agregar que el texto no se resiste a la tarea del lector que se entusiasma con la silenciosa camaradería que destilan sus versos:

---

[3] Op. cit, 15

El poeta sueña, imagina, idealiza, crea.
Advierte certezas escondidas entre cosas
que en realidad no son entes, sino presencias
disfrazadas de migajas cotidianas.

Pasando a otro plano, y con respecto a la selección léxico-sintáctica en el salto metafórico de las "ideas" —como diría el propio Nieztsche—, cabe añadir que, contrario al criterio de muchos, cuando el poeta, armado de su hormigueo estético, ya en camino a la creación, se sumerge en las múltiples esferas de la semiótica, no se sienta frente a un diccionario ni busca al azar vocablos revueltos en una canasta de apuestas. El creador debe ir aún más lejos, pues con habitual firmeza, los argumentos que aborda se arrancan dolorosamente del entorno psíquico, tarea nada fácil. Como sostén de mi esfuerzo de descifrar esa búsqueda de conversión o evolución de lo pensado a lo escrito, acudo a Saúl Yurkievich, quien apelaba a la "omnipluralidad verbal" —aun en las más breves instancias— para sustentar sus juicios, estacionándose frente a una miríada de interpretaciones.[4] En este aspecto, el autor no es una excepción y es precisamente lo que propone cuando sopesa la naturaleza anímica en el proceso mismo de la creación:

Poemas hay
consumados
aun antes del parto.
Otros a la deriva,
como inconclusos,
de vísceras formados;
aparecen,
se plasman…
nada más.[5]

---

[4] Véase el interesante ensayo introductorio <<Por una crítica central>>, donde enfatiza la fuerza de la lengua para vehicular el proceso de abstracción del creador. Entre otras cosas, allí dice: "la poesía conecta con lo primigenio del lenguaje, remite a la fuente del sentido, rescata los hontanares de la conciencia" *Suma crítica*, Fondo de Cultura Económica, 1997, página 10.

[5] Gutiérrez, 11

Me hago constatar, entonces que, en términos muy generales, las palabras son meticulosa e instintivamente seleccionadas para vehicular la noción del pensador. Se incorpora así una singular cofradía léxica a un juego que podríamos llamar "de contrapunto", si se me permitiera alquilar un giro del campo de la música. Al fin y a la postre, en ese afán hermenéutico, lo implícito, lo que nunca se dice o está por decirse, nos toca a nosotros, lectores, escudriñar. Es un componente tan importante como el ensamblaje mismo. Mantengo y sostengo este criterio en basándome en el planteamiento tan explícitamente elaborado por uno de los grandes críticos españoles, Fernando Lázaro Carreter. Aludiendo a los estudios progresivos de su homólogo Červenka, quien en el pasado siglo fuera parcial elaborador de la conversión a "responsabilidades compartidas" en el proceso de apreciación de la creación artística, el decano expresaba: "Hasta un discípulo de Jan Mukařovský, como Miroslav Červenka, ha tenido que rectificar aquella antigua afirmación de su maestro, que ha evolucionado, en concordancia con casi toda la semiótica contemporánea, trasladando a la conciencia del receptor el significado de la obra de arte. Si evoco aquí aquel estudio, casi a medio siglo de su publicación, se debe a que, dentro de la tradición semiológica europea, es tal vez el primero, como he dicho, en afirmar resolutamente que el poema es un signo; y porque, al considerarlo como tal, es también el primero en preguntarse por su *signatum*.[6] Desde otro plano convergente, y dando por sentado que la poesía es también arte, así lo expone el analista español Cayetano Aranda Torres cuando dice: "El arte no sólo se percibe, también se crea con la mirada del espectador, y esa mirada configuradora y creadora ella misma, es más proyectiva que receptiva, y constituye la base de lo que entendemos por experiencia estética, una forma de conocimiento que se extiende hasta la esfera sentimental".[7]

Apoyándome en esta premisa, comparto la opinión de que, por razones que se desconocen, el intento en la labor artística alcanza su verdadera plenitud en el encuentro entre el texto y el lector que con suerte responde. Si tomamos como referencia que las palabras no son más que unidades lingüísticas que arbitrariamente el escritor coloca siguiendo su propio orden y capricho, entonces deducimos que estamos ante un proceso o sistema

---

[6] Carreter. De poética y poéticas, 16.
[7] Prólogo a *Introducción a la estética contemporánea*, 1.

muy peculiar que continúa y crece con lo que aporta el lector. Se puede aquí intercalar el caso de aquella manzana del padre Berkeley a que aludiera Jorge Luis Borges en sus conferencias ante estudiantes de literatura.[8] Así podremos ver que se espera que el intelecto capte o al menos presienta el "código" que certifica ese "sabor" universal que asociamos con la fruta. Los componentes del texto (poema, ensayo, reseña, carta, cuento o prosa poética) no existen más allá de su constitución prosaica, de su función nominativa. Es decir, estas unidades lingüísticas empiezan a tomar cuerpo dialéctico y propiedad estética en el instante en que se realiza ese soplo epifánico: cuando nuestras papilas gustativas las descubren o confirman. A veces el impulso de la creatividad penetra nuestra corteza cerebral, primero gracias a ese vehículo armónico o melódico que compromete la entrega en la lectura. Es de conocimiento común el hecho de que en muchas instancias se requiere una segunda y hasta tercera leída, para que el "diálogo" se realice.[9] Si el impacto no llega, si el ánimo del texto no nos pulsa, entonces se puede aventurar en otros intentos, aunque éstos resulten fallidos. En ese caso, me podría quedar con una primera impresión y simplemente desechar la obra por superflua o inservible; vía u opción que, obviamente, no he elegido.

Estoy consciente de que esta visión filológica hermanada con lo estético podría despertar un irremediable escozor en algún crítico maligno cobijado en las máximas sociolingüísticas de Derrida o Bajtín. Como es sabido, estos dos teóricos ampliaron los alcances de la filología y la crítica en general, en el siglo XX. Contribuyeron directamente a la robustez literaria

---

[8] *Borges, Arte Poética*, 10.

[9] En este contexto de intercambios, vale la pena referirnos a la interesante metamorfosis que alcanzó el pensamiento de Tzvetan Todorov en su época de genuina madurez. Sus últimas obras dieron un giro radical que lo alejaron de los tediosos dictámenes del estructuralismo y demás tendencias filológicas hermanas provenientes de los bloques ideológicos de la Europa Oriental y Media. Ver, por ejemplo, *La crisis de la literalidad*, 1987 y *Crítica de la crítica*, ed 2005. En estas propuestas, la libertad y "relajamiento" del juicio crítico, adquieren niveles nunca antes logrados y, por supuesto, las posibilidades del diálogo tácito o disimulado se amplían, abriendo las puertas a una exhuberante exposición de nuevos criterios. Claro está, la calidad, efectividad y profundidad de cada uno de ellos queda a merced del resto y viceversa, detalle en que se fundamentan los cambios de dirección en los últimos estudios de Todorov, como indicábamos más arriba.

y a la sistemática interpretación del recurso de la tropología, de mano de aquellas ideas lacanianas que juegan con "lo simbólico" y "lo imaginario", ensanchando con sus estudios el universo de la *poiesis*.[10] Admito que muchos de sus preceptos podrían ser contrarios a los míos e insinuar que he creado una especie de anti-teoría frente a sus propuestas. Mas no es esa la intención, aunque no se eliminen del todo las exiguas posibilidades. Igualmente reconozco que mi tesis, además de ser cuestionable, se puede aparear a cualquier circunstancia: el autor, como sucede tanto con el resto de sus congéneres poéticos, como con los artistas en general, es una especie de alquimista, con perdón a los puristas por el uso de un vocablo tan prosaico. Con todo, sostengo que el coqueteo armonioso inmanente al sistema alegórico de este creador, permite que su obra posea un giro muy singular que la separa de las demás.

Otro objetivo, estrechamente ligado a los anteriores, de acuerdo con los planteamientos de nuestro autor, es dilucidar algunos aspectos de relevancia que espera sean afines a las inquietudes de los que se atreven a leerlo. Sin perder de vista estas observaciones, en mi visita al *corpus* literario que nos ocupa, registro la defensa espontánea de la poesía y un apego al derecho de escribirla y difundirla. Veo también en la apuesta, una tenaz oposición a los esfuerzos de algunos elementos que abiertamente el autor llama mediocres, quienes muestran abusivos apetitos de poder en un mundo sumergido en crisis reales e inventadas. Noto que sus preocupaciones nos llegan diluidas en profundas reflexiones sobre los avances del mercadeo ideológico, enraizados en una forzada globalización, tendencia responsable, en parte, del aparente abandono que ha sufrido la poesía. Aunque de forma sutil, percibo, además, un escindido énfasis en moldear consciencias ante muestras de deterioro dentro de los estratos sociales, en lo concerniente a la política, la educación, la economía, y en una dimensión más etérea, la ética y la estética. De alguna manera se ponen de relieve decadentes actitudes de los individuos que torean atinos y desatinos en la arena del mercado, incidencias que al final también repercuten negativamente en la presencia no tan patente de la poesía.

---

[10] Del griego antiguo ποίησις, aunque el concepto ha evolucionado tremendamente y se aplica en diversas situaciones que implican la transformación de un ente conocido en algo nuevo o desconocido, componente estructuralmente importante en la creación estética.

Camino a mi conclusión, y abundando en el asunto de las carencias, planteo que quizás hubiese querido identificar, en esta propuesta, una vuelta robusta a las preocupaciones por temas ecológicos o de masa. A mi modo de ver, escudriñar un poco más algunos de los muchos problemas que agobian a la humanidad, balancearía su obra. Pienso que lograría así un producto más completo. Mas, gracias a las fuentes fidedignas que sustentan mi hipótesis, me consta que, aparte del alcance literario que pueda ofrecer con sus planteamientos, para este autor, arrancar una exigua aceptación de la crítica, basada más que nada en orientaciones político-ideológicas, es ganancia superflua que le tiene sin cuidado. Este elemento definidor se revela con frecuencia en los poemas:

> Sus metáforas no contienen
> la textura solemne
> ni la agresividad revolucionaria
> que encontramos en muchos de sus contemporáneos.
> Quizás no se atreve…
> ni se atreverá jamás
> (salvo bajo amenazas de censura)
> a traspasar o transgredir, que es lo mismo.

Estemos de acuerdo, o no, con este marco conceptual, al final la labor poética siempre obedecerá a un impulso subjetivo: el texto en todo caso ha de ser una ratificación de la individualidad, no importa qué causa o curso persiga, y así lo expresa en más de una ocasión. En definitiva, la travesía existencial, traducida singular y simultáneamente en el extraño, connotativo y emocional idioma de la poesía, será siempre una experiencia fenomenológica:

> Mas lo que habría de valuar sería el trayecto…
> y en éste, sin ceder a la tentación de la paranoia,
> hemos de rechazar el adjetivo, si es que podemos,
> dejándonos talvez apadrinar del término que abruma…
> o asociarnos a la inquina del silencio.

Total: al final… a pesar, y además,
¿qué más da, si he de resguardarme en lo obsoleto,
si he de consumirme en mis propias eses
y mi sombra perderá todo fundamento?

Cierto que el entorno ejerce una acción decisiva en el procedimiento a seguir, se dirán algunos en su encuentro con el texto. Admito que sería imprudente eliminar ese componente tan sólido y grave, particularmente a la luz de los acontecimientos que han estremecido el aparente sosiego de la humanidad en estas dos centurias. Sin duda, vivimos en un mundo en crisis, aparentemente moldeado por una comunidad global, que a pesar de los logros, pierde día a día su capacidad de discernir, razonar, escoger y aplicar decisiones saludables. Sin embargo, veremos que la sobrecarga de las circunstancias se amortigua con una inherente voluntad del que escribe. Se podría decir que la empatía hacia los que sufren los embates de la deshumanización, sentimiento arraigado en su temperamento, se hace más universal, gracias al diestro arbitraje del autor, componente indispensable en un proceso creativo serio, como el que aquí analizamos:

Quizás tengan razón los que presagian
un inminente conato apocalíptico,
ahora que amar es tan difícil,
ahora que nadie cree, nadie estima,
nadie espera un renacer o un mordisco a una allende
utopía;
ahora que es tan denotativo el calor, escaso el aire,
y cuando pensar es cada vez más prescindible.

Teniendo en cuenta todo lo anterior, planteo, entonces, que en la presente producción de Gutiérrez, noto vestigios de tanto antiguas como lozanas influencias en un poeta que es quizás tardío en trayectoria, mas, no obsoleto en propuesta. Es decir, de alguna forma el texto que nos ocupa, talvez reclama la presencia de ese carácter lírico de que tanto se abusó en el romanticismo del siglo XIX, y hasta después de él. Sin embargo, cabe aquí señalar, esta indisoluble peculiaridad no impide que las reflexiones y asuntos ecuménicos del autor en su presente empaque de cuarentenas (unidades apostadas en aires muy contemporáneos), logren una gustosa simbiosis. Los elementos variados en esa muy personal oferta, pueden ser un tanto evasivos, si se quiere, pero no incurren en el manierismo o escapismo de otras épocas, posición que a estas alturas hubiera sido su falta más condenable.

Por todo esto y por más, ubico al autor en el devenir literario por el que transitamos a principios del siglo XXI. Con singular desenvoltura, la autoría ofrece hartas muestras de familiaridad con mecanismos y recovecos acurrucados dentro de la reserva de técnicas y recursos que maneja. El proyecto se lanza desarmado, desnudo, talvez un tanto aislado, pero firme: logra aventurarse en argumentos complejos y, sin embargo, asequibles. En él se plasma, sin aparente dificultad, un texto diáfano y sagaz que garantiza un espacio en el presente ciclo creativo de la poesía hispana en general. Nos llega siempre alejado del maniqueísmo de ideologías mercantiles y seudo-utilitarias, y se propone libre de corrientes a la pesca de lectores o consumidores, que es lo mismo. Cada unidad atestigua el vigor y el entusiasmo del gremio, desafiando y contradiciendo el escepticismo de algunos críticos respecto al estatus de la poesía en general y al del habla hispana en particular, aunque no se refleje en ellas el apoyo psicológico de una nueva moda o de un movimiento literario en ciernes. La entrega es refrescante y renovadora en su diversidad y dimensión, e impone la autenticación de estrategias heurísticas lindantes en lo concreto y lo invocado, sin ladearse en bandos. Ahí, en esgrima y área recoleta, cabalgando en un persistente temperamento poético, estriba el más sólido aporte de este creador y quizás su más valioso atributo.

El exégeta

RECITATIVO

Espacios inconclusos

Poderoso manifiesto
de alguna idea aparentemente entusiasta,
una promesa más que se desaloja,
cabeza trunca de alguna ambición,
un inicio apenas
que se congela en la vena utópica
de arquitectos y soñadores.
Cual paredes que hablan,
así quedan grabadas y abandonadas
las estructuras que quisieron ser.
¡Claro! Como aquel lienzo en blanco
que representa la nada
y quedamente invita a la reflexión.
Se inicia el diálogo.
Nos toca a nosotros continuarlo.

Se me abre el nombre

En aquellas cajas yacían, en doloroso desorden,
los sustantivos:
las dimensiones,
la presencia de la ausencia
el lado visual de la palabras,
los gestos de las sombras,
en fin… las otras cosas…
ésas que sólo tú nombras,
y en una de las esquinas, los silencios.

Sonido y vacío

Hay dos tipos de silencios:
el que no habla, mas enaltece el espíritu,
que persuade, incita o invita
como sonrisa de bosque estival...
o de montaña sombreándose en nubes tenues
que abrazan a un místico que trasciende.

Existe también el que grita y desespera,
que no sólo otorga, sino que esconde
(quiebra, trastorna o destruye).

¡Ah! Pero además está el silencio que
insiste en serlo,
que logra degustar vilmente lo que provoca.

Sordina

¡Pobre mi negra! ¡Pobre mi negra!
Dicen que siempre la han visto llorar.
Ella sabrá lo que siente; tal vez le han pagado mal.
Dejen que llore, dejen que llore:
yo sabré cómo la he de consolar.

Atahualpa Yupanqui

Cuando entra la soledad
a llenar el vacío inesperado,
que únicamente conocen los que
en él habitan,
todo se viste de mudez.
Entonces te confina
un mutismo que se multiplica;
te acosa una amortajada repercusión:
eco callado que arremete contra tu paz…
te embiste… te infarta…
y sólo queda la conmoción.
El encierro es tan profundo que pareces flotar y caer
en la inmensidad.
Y ahí, en ese espacio y momento casi eternos
te asaltan el efecto del silencio,
efectos al silencio,
espacios de silencio,
pedazos de silencio,
pedazos de…
pedazos…

Isla

A Wendy y Ernán: el mar les habla en cubano

Unos se quedan… otros penan.

Bodegón

Origen, forma y naturaleza
se relegan a un segundo plano.
Prácticamente no existen.
Mas son miembros simbióticos
de la composición que ahora se cuaja
en nuestro encuentro.
La mano del pintor sigue los dictados del amo,
como le prescribe el instinto,
y se da cuerpo a la idea:
un símil escaso de palabras,
pues sobran…
o, mejor, las inventa el que se detiene
y contempla con escudriño y reflexión.

Un poco de esmero
y talvez podremos percibir
que allí puede que se esconda
[grabado por la química y el tiempo]
un aullido que se reprime,
alguna angustia escondida
una anónima pasión.
Quizás un poco más…
y como hechizo, irónicamente,
la muda imagen es la que define a la mirada que responde.

En efecto, el pulso del conjunto,
arreglado por no sabemos qué razón,
acapara la vista y la subyuga como el huracán al endeble bohío
o como sugerencia callada de insinuado desliz.

Dicen que pocos logran aliarse con designio inicial en el lienzo.
Detrás de aquella deliberada composición,
colgando como pantuflas de bailarina muerta
o verso abandonado de Alejandra Pizarnik,
quedaron el deseo y la intención.

Arte por el arte

¿Qué es Arte?
Son ocurrencias que hierven como aceite de cocina,
hasta extrapolarse en otra cosa…
Digamos… un insignificante desafío
que, por coincidencia, descubre compañía
en las ebulliciones del instinto,
o se disuelve en la amabilidad de una o dos letras
y nos brinda la imposición de alguna imagen,
a veces plástica, a veces invisible,
acariciando un recuerdo que no es más.
Reconocer es encontrarse.

El mutismo del arte

Se dice que en tiempos remotos, en la época que hoy llamamos antigüedad, el arte perseguía la belleza. El hombre buscaba raptar esa extraña esencia de las cosas que se escondía de forma silenciosa y esquiva y que luego se adjetivaba ante nuestros ojos, acatando los dictados de su sensibilidad. En un acto mágico, encontraba, reunía, y traducía los elementos que éste consideraba idóneos, siempre desde su especial perspectiva y movido por su propio impulso interior. Entonces convertía aquellos detalles de la realidad que otros no veían, en entes redimensionados por empaques que alguien llamó estéticos. De esa manera lograba traducir el lenguaje en que el talento y la sensibilidad se manifestaban alrededor de su creativa concepción, dentro y para su contorno. El fruto de la imaginación y la labor se convertía así, a través de un proceso especial y único, en lo que posteriormente presenciamos. Por supuesto, ese afán en pro de la belleza, esa preocupación por sintetizar una visión muy personal en forma de arte, al paso causado de la evolución, paulatinamente se pierde. Como espectador, comprendo el fenómeno, lo digiero y acepto, aunque a veces no me agrade su efecto devastador. Y en casos como éste, me pregunto: ¿peco yo? ¿Peca la intencionalidad detrás de la obra? O ¿es la ausencia de ello lo que importa? Afortunadamente, hay momentos, aun en este siglo XXI, en que se logra aquel instinto arcaico, aquel efecto epifánico que define al producto del artista, que impacta con serenidad al que contempla, y enaltece a su creador. Otros (los más), nunca llegan. Se quedan a mitad de camino.

PAVANA

La entrega del rapsoda

A Diana Ramírez de Arellano

Las sensaciones son imperios:
los poetas, vasallos.

Transgresión en la palabra

A Odalys Interián

Metamorfosis:
de una página a otra,
de una aventura a una reflexión,
de un solo camino a un espectro de vías,
de un vaso capilar a una caótica avenida,
de ansiado regreso a obligada partida.
Desde un sentimiento
hasta un logro.
Desde el pico hasta la entraña,
de estreno inaudito a remate.
Y allí, todo y nada,
porqués, cuándos,
dóndes, talveces… y…
un comenzar de nuevo.

Reincidencias

Las respuestas se convirtieron en materia prima,
en substancia hermanada al ingenio…
en otro fundamento.
Y le dije en tono serio:
"si me faltas tú,
de alguna manera, como consuelo,
me queda la poesía."

¡Cuánta cordura en tus palabras! Respuesta a "Virtualidades" de Liliana Savoia

Como tú, me toca en este instante
honrar al rapsoda de Cibernia.
Cierto es, hermana y compañera:
al aliarnos a nuevos instrumentos,
con los siglos, se releva la pluma
y el papel recicla sin tocar el verbo.

Mas continuamos aumentando las Acadias
(semillas cultivadas en castas orientales).
Es la misma misión observadora,
el mismo afán traductor de misterios:
forjador de preguntas y aventuras,
enjambre de utopías y sueños.

Somos los primeros... a veces, los únicos...
que, con nuestro sexto o séptimo sentidos,
grabamos el pulso de la pena
o tañemos histeria en regocijo.
Nos toca por instinto ¿o por condena?
convertirnos en lienzo y pandereta,
manto de Jesús, cáliz de Baco,
dermis de Eros o Tánatos,
doblarnos en languidez de versos...
y aguardar en nuestros claustros los reclamos.

Nada pedimos a cambio...
nada tomamos.
Aspiramos apenas,
como Borges en delirios de poeta,
a vivir después de esta existencia,
en el recuerdo de algún alma que nos cite,
sin poder confirmarlo en la otra senda.

Décimas de agradecimiento a un maestro

Al Dr. Hildebrando Rodríguez, en su elocuencia

Tiene usted el don de improvisar letras
en décimas, quintillas y hasta coplas.
El deca modula, torea endecas
y con vigor hasta dodecas dobla.

Dibuja pericias en cúspides estéticas.
Su ritmo, aliñado en años de experiencia,
se siente a gusto, ya sílfides, ya épicas,
y camina con Neptuno en las arenas.

Enternecido estoy con sus hipérboles.
Levantaría en soltura de arquitecto
sonetos y odas al azar sirviéndole,
en homenaje a su acabado intento.

Mas, novato soy en arte e intelecto
y por más que piense, invente o multiplique,
no pariré sino mis gracias simples
por la feliz iniciativa y bello gesto.

Estimado amigo, fiel y muy pensado:
sus palabras bien reflejan su sapiencia:
me sirve usted en bandeja de eminencia
y no soy más que un rebrote retoñado.

Quintilla

A Edward Lear y sus *limericks*

Hubo una vez un humano
que quiso construir un verso.
Fue de tan mal gusto el texto,
que el aplauso se hizo ruido,
dejando al poeta insano.

Permiso

A Mariángel Gasca Posadas

Es que se diluyen en el manar de las alusiones.
Al principio no son más que ideas alienadas que sin pedir permiso,
disponen de nosotros y ensalzan la extraña estructura del juicio.
Son cosas que llamamos locuras
las que luego nos obligan, sin licencia;
sin pedirlo nos ordenan embarcarnos
en esa re-elaboración del primer libro
a que aludía Borges...
sumarle una nueva página,
reinventar o desahuciar una vieja,
a la búsqueda de algún colaborador,
de algún cómplice de arbitrariedades
que en su lectura, también escriba.
Entonces es cuando el discurso
finalmente penetra y se apega a tus coyunturas:
asciende, impugna, acepta,
coincide, concurre,
avisa, denuncia o desaprueba…

Pero, ¿qué hace un poeta?

El poeta sueña, imagina, idealiza, crea.
Advierte certezas escondidas entre cosas
que en realidad no son entes, sino presencias
disfrazadas de migajas cotidianas.
Demuda y vive la belleza escondida,
llora y canta el dolor ajeno,
interpreta los misterios, las sombras, los silencios,
descubre el sentido de la lejanía.
Mas es amigo especial de lo cercano,
de la indeleble coetaneidad de planos invisibles
que transitan más allá
de ese espacio que nos define.
Conoce la diferencia entre el hambre de una amante que espera y desespera
y el llanto de una madre que extraña al ido a destiempo.
Transmuta universos ignorados
entre la infinitud de un segundo
y la eternidad de una noche.
Lo maldice la realidad de su sensibilidad,
por ser ésta el más terrible de sus pecados,
fuente rica de incomprensiones entre los demás:
aquellos huérfanos de estética,
que se desplazan como piedras marchitas,
sin detenerse a contemplar tanto rocío,
tanto néctar que se seca
ante la impasibilidad del que ve y no mira,
del que no oye o no presta oído.
Nadie lo intuye,
nadie comparte su regalo divino,
nadie comprende su misión,
nadie divisa su perenne destino.

Arte Poética

I

Dos verbos adyacentes se insertan en el núcleo de mi propia semántica.
Oblicuas, en juegos transversales, las interjecciones se burlan
y las comas se desplazan o deslizan en su diacrónico afán.
Los puntos se limitan, y percibo líneas de furor que se trazan a sí mismas,
que definen por ti y en vez de ti...
La reseña, cubierta de misteriosos dones o carente de ellos,
al fin y al cabo permanece en la misma cobertura,
y transita inexplicables regiones del discernimiento.

Por esto y otras cosas, muchas cosas,
me atrevo ahora a mencionar la muerte.
Hablar de ella no es más que mostrar certeza.
¿De qué? Preguntarás.
De que sólo antes de ella me dolerá dejar atrás lo que ya es detrás.
[quizás los demás se quedarán esperando hasta un segundo antes de que el
acaparador silencio los envuelva].
Antes y sólo antes que ella llegue,
me arrepentiré de algunos de mis hechos: quizás nunca.

Después ¿qué importa?
Ni Macedonio, Octavio, Jorge, ni Miguel
me reprocharán.
Otros tantos puede que me condenen,
pero no borrarán mi voz,
voz genuina, yo diría.
Voz que sabe que proyectar la muerte es una ilusión,
que aceptar no necesariamente significa pedirla o ansiarla,
temerla o buscarla.
Mencionarla es crecer.
Morir es continuar, continuar es morir...

Así me siento desde que se anunció el final del amor
o desde que se confabuló la etapa final.
Vago en ese espacio ontológico
que me inundará de ilimitados infinitos
y binarios sempiternos cuando muera.
Entonces, sólo entonces, los otros definirán mi voz
y mi ausencia sincrónicamente asumirá el color de sus antojos.

II

Después de extrapolar el verbo a senderos insondables,
¿qué nos queda?
Está prohibido buscar la anécdota.
Emular el canon sería presumir, que no es lícito...
Frente a mis opciones, que son muchas,
quizás atinaré a abalear las ideas
y designar un compañero en incoherencias.

Mas lo que habría de valuar sería el trayecto...
y en éste, sin vencernos a la tentación de la paranoia,
hemos de rechazar el adjetivo, si es que podemos,
dejándonos talvez apadrinar del término que abruma...
o asociarnos a la inquina del silencio.
Total: al final... a pesar y además,
¿qué más da, si he de resguardarme en lo obsoleto,
si he de consumirme en mis propias eses
y mi sombra perderá todo fundamento?

Sé que sólo recordarán mis faltas,
y me negarán la entrada a alguna humilde antología.
Mas debatiré con la inmutabilidad del oído,
preguntaré o responderé, mientras existo...
hasta que el humor que se aligera en las venas
alcance su ulterior acomodo fisiológico,
cuando la inconsciencia sea aún más inmune al dolor,

cuando se esfumen las hipérboles que creó el aprendizaje,
cuando se borren o no te asalten ya las sorpresas.

Sin renunciar del todo, debo asumir lo mundano.
Me obligo a desechar, o excluir, que es lo mismo,
aceptando con terquedad antagónica
la relevancia del lirismo y la permanencia en lo auténtico.
Mientras tanto, me adhiero a sugerir, no a imponerme,
a no tomar el camino más fácil,
a no conformarme con el mínimo común denominador,
a aceptar que cada poema no es necesariamente un manifiesto
y que cada uno de los versos es nacimiento o muerte, que es lo mismo.
Me incrimino, sin relegar, a no hundirme en el pasado
y a intuir que no hay mayor compromiso que la conciencia misma.

Reconozco, en lo que puedo,
que todo es espacio que nos adueña:
desde el músculo que empuja,
desde la voz que ensarta,
desde la imagen que invoca.
Allí permanecerá, hasta que nos aliemos con la oscuridad,
y nos derritamos en la oquedad del destiempo.

Y así, como si nada… no imponer lo que es íntimo,
pero que no nos oprima la marcha,
y continuar, sin rendirnos, desde luego (aun frente a lo inevitable)…
por encima de todo, sin rendirnos,
y que no nos avergüence el oficio.

Para bien o para mal

Sus metáforas no contienen
la textura solemne
ni la agresividad revolucionaria
que, por lo general, identificaría a sus contemporáneos.
Quizás no se atreve…
ni se atreverá jamás
a traspasar o transgredir, que es lo mismo.
Dicen que forma parte de su constitución nerviosa y naturaleza conservadora
el no aventurarse en esa rebeldía etimológica que con franca osadía dialéctica
tutea desesperadamente al peligro.
Tampoco le atrae sumergirse en empresas de radicalismo semántico
que tanto deleita a ciertos círculos teóricos
(pretenden formar y ser protegidos por millones que se aferran,
se identifican o, simplemente, se acuñan en un nombre o un apellido).
Al fin y al cabo, no pasan de ser una pura etiqueta literaria
que yace y cría polvo en un estante.

CONSONANCIAS

¡Respeto al músico!

A Monserrat Figueras y Jordi Savall
A Lorraine Hunt Lieberson y Peter Lieberson

Respeto al músico que,
tras años de estudio, repetición y ensayo,
comparte su cometido con amor y fruición.
Rindo honores al que se complace en repartir su elaborada condición,
En entregarse de lleno,
en medio de tardanza, tos y conversación
a oscuras salas de concierto.

Muchos no ven que con demasiada frecuencia
algunas voces se marchan prematuramente
para así sellar la permanencia de otras.

Desdeño al ignorante inquisidor:
su tosquedad le impide ver
que los hijos de Orfeo
cumplen un cometido.
Pobre de él
si supone que sólo el placer mueve al artista,
o que en su ofrenda
sólo él (o ella)
a su propio yo responde.

De violas y cuartetos

A Linda Bouchard, Sofia Gubaidulina, Rebecca Clarke,
Lillian Fuchs, Jennifer Stumm, Tabea Zimmermann,
Kim Kashkashian y Gasparo da Sallò

Soy la hija intermedia e inconclusa
de incómodas dimensiones.
Viola truncada, de registro hueco,
me enrosco y abro en posada tesitura.

Labrada en fino madero, apenas soy tercera.
Mas concierto hermanados violines,
trueco el nervio que bosteza
y descifro armonías inciertas.

Emulo al timbre de hembra,
alterno aflicción y gozo.
Soy sentido polifónico,
Simbiosis, humor semántico y tono.

Resisto y amparo al macho violoncelo.
Con delicia me doblo y robustezco.
Soy sombra indeleble: avivo y embeleso.
Soy víscera, color… soy tierra y vuelo.

Alumbro el espacio en oscuras eufonías.
Me acomodo en línea y en silencio.
Ignorada por muchos, soy cuerda, soy secuela…
Me perfilo mujer, temperamental y dueña.

Cianuro

A Heitor Villa-Lobos

Mientras escucho el canon
sumido en la paz de mi hogar,
un automóvil con sonido de discoteca
pasa casi volando por la esquina.
La gravedad de los parlantes arremete
con frases improvisadas en la mediocre
superficialidad del mercadeo.
Producen masas de frecuencias bajas y semibajas
que te hacen sangrar los tímpanos,
te insultan la inteligencia, hieren la sensibilidad,
demandan destruir y destruyen lo que está ya hecho.
¿Qué mensaje nos dejan?
Balbuceos que explicitan golosinas,
carnal sensualidad
que incita y humedece las entrañas…
mutación de la capacidad para percibir
la música callada.
Toxinas que promueven lo fácil,
destruyen la ecología del intelecto.
¡Oh... macabra interrupción al diálogo!.
¿Evolución o contaminación?

¿Y quién dice que no?

A Jorge G. Deleón

Sucede como en una receta médica,
o en un menú de restaurante,
o en la coalición de dos mentes que se gustan
y comparten migajas y premios.
Un buen coñac, gotas de Puente Celeste y Aca Seca,
contribuciones de Cavafis, Rilke, Satie y Mompou.
El amor cuenta aunque no es eterno
y la literatura es transgenérica.
Mas la amistad no es prescindible.

El jardín de los Rafaeles

A Rafael Medina
A Rafael Lavandera

Ésta es la historia insólita de un dueto de árboles
que dos amigos homónimos plantaron
en el patio del poeta y su esposa.

Entre tantos gestos de envidia de vecinos,
malas hierbas, hongos malignos, insectos,
cuervos y huracanes,
sorprende que Mango y Aguacate sobrevivan.

Afortunadamente,
vence la intención pura,
límpida de entrambos maduros corazones.
Trasciende la genuina insistencia
de amar y conceder.
Queda el regalo que simboliza y origina vida:
un vergel en su etapa tempranera,
multiplicado y agradecido por dos.

Los ríos se llaman Delfín

A Delfín Prats Pupo

En su silencio, el hombre de carne y hueso
se agradece y se conforma.
He aquí un hombre deshuesado, desnudo.
Su lujo es estar vivo,
y le acompaña la capacidad de aguardo.
Tal como llegó,
se va tras una pequeña grieta
en una cansada taza de tomar café.
Es todo lo que tiene.
Con su ingenuidad de poeta,
retrata el entorno y espera.
No acusa (hay culpables).
No emite ninguna queja (que sí las hay).
Su opción uno es el silencio
y su poesía es soledad que delata sin inmutarse.
¡Ah! Los ríos se nombran o definen
por su afluencia.
Hay un río llamado Delfín.

El placer del texto

Borges y Barthes han de haberse criado en el mismo arrabal…
Participarían de los mismos juegos dialécticos,
se entrenarían en el mismo cuadrilátero,
recibirían las mismas estrategias pugilistas,
que establecen la norma en el convenio lúdico
e invocan el compromiso con la palabra.
Militantes de esa nueva dimensión de la ficción,
de alguna manera se vinculan.
¿Qué intencionalidad de extraños enlaces los aúna?

De aquí y de allá

A Facundo Cabral

Cayó en el Bulevar de la Libertad.
Era de todas partes.
Era de todo y de todos.
Nómada circunstancial
y errabundo por convicción,
su equipaje y bienes raíces
no pasaban de un par de pantalones,
dos camisas y el libro que lo ocupaba.
Lo conocí en los años ochenta,
en plena decadencia,
cuando aún no llegaba el deterioro.
Perspicaz y buen conversador,
a pesar de que aprendió a leer a los nueve,
su voz era sólida como roble,
(en el canto, en teatrales reflexiones).
Se engolfaba en idiotez y sublimidad de sabio:
manejaba el asunto de vivir con cínica aceptación,
hamacándose en su versión de lo didáctico y fraterno.
Libre como el viento, pregonaba la libertad
y la vivía, con frecuencia a costa de ello:
de tan libre, sus escasas ropas olían a peligro.
Quizás un pie en los peldaños del descarrío
precipitó lo que tenía que ocurrir;
lo que irónicamente se tenía que cumplir.
Cayó en el Bulevar de la Libertad.

Un tal César Vallejo

He aquí un alma que albergó toneladas de sufrimiento.
El dolor, sus antecedentes y consecuencias,
son la marca de fábrica de este gran poeta.
Siempre me pregunté: ¿cómo puede un corazón aguantar tanto peso?
Sin embargo, de ese mismo dolor emerge su poesía
como arma blanca certera y sonora.
El texto nos llega vestido de prodigiosa nitidez,
a pesar de que levita en espacios preñados de misterios insondables,
que es como decir que sus poemas desgarran el sentir
de los que se atreven a leerlos y abrazarlos.
En efecto, hacen daño… mucho daño.
Mas esos trazos, a la vez sangrantes e iracundos en su melancolía,
nos absorben y menguan como agujero negro…
y al final, si es que alcanzamos a digerir el designio,
si es que inferimos el oscuro código,
nos alivian en profunda y descomunal catarsis.
Esto es fehaciente en aquéllos que,
como el poeta, poseen más de los cinco sentidos
que el humano se adjudica.
Son su legado, su huella… y nuestro consuelo.

Muy tarde

A Raoul Sentenat

Corrieron de lleno
(amigos, vecinos, extraños y familiares)
a repartirse las pertenencias del fresco ausente.
Yo pensaba que era un fotógrafo.
Un buen fotógrafo, además.
Cuán equivocado estaba.

Nadie imaginaría que aquellos términos
que salían de sus caretas y sus manos
escondían tanto amor,
tanta humanidad camuflada de arte.
Su sensibilidad componía, uno por uno,
cada enfocado homenaje:
un rostro por cada historia,
una historia por cada expresión,
un identificarse con cada anónimo,
pathos con nombres.

El pequeño estudio donde, más que vivir, pernoctaba,
proponía una exposición permanente de dolor,
un homenaje a la individualidad:
"ser todos" y, a la vez, "ser distinto".
Una misteriosa y genuina ternura
se sentía y respiraba en aquellas máscaras:
parecían llevar un claro y profundo augurio,
un manifiesto ventanal a su artística soledad.
Nos consta que su legado va más allá
de un precipitado prorrateo de artefactos y usanzas...
y ya es muy tarde para decírselo.

SONES Y COPLAS

Estancia que es lo mismo

A Aida Maritza Gutiérrez Ruiz

Yo compondría una antología de poemas marítimos.
Crecen las analogías (no son más que convergencias internas).
Los recursos dispersan su esplendor
(corriente, brío, serenidad, placer, acuerdo, incompatibilidad).
En el génesis se unieron, para confundirse o cofundarse, que es lo mismo.

Mujer mar, la intrigante mar, mar mujer,
siempre fértil en agnósticas honduras.
El masculino océano, mayor afluente,
se articula semánticamente en sal y aromas peceros.
Se acomoda... o acomodan, que es lo mismo
y arriban a las angosturas de nuestras costas meníngeas.
Mar y océano: son misterios que imanan y que fluyen con naturalidad y
ligereza,
fuerzas que calman o aceleran:
danzan o se mueven con soltura,
abren pasiones que hacen espuma.
Son quizás (los dos) un presagio que se cumple y se queda,
limita, define… y marea.

Locus amoenus

Te añoro previamente
y vislumbro tus paredes.
Más que confín,
pasarela son al nirvana.

Argumento del beso

Tienes razón:
un beso solo… no basta.

¡Ah!, pero no es ese único
y seguro acto creador
lo que buscamos:
es la avalancha
que sin demora ni ritos
nos provoca.

Sé que más de una vez

Sé que más de una vez mi transpiración
dejaba mucho que desear.
Notaban que olías diferente cuando regresabas a tu casa.
¿Quién diría que ese olor se quedaría en ti?
¡Cuánto insinuaba el peso de mis hormonas!

Mi día se echa a perder

Se entrecierran sus ojos de penumbra y de fuego
y propone al deseo el enigma de su cuerpo
con el tierno abandono de un dios que es mujer.
Margarite Yourcenar

Mi día se echa a perder si no me doy una ducha en la mañana.
Sin embargo, no acostumbro bañarme antes de acostarme.
Sólo me lavo la cara, me cepillo los dientes y me voy a la cama.
Anoche tuve que bañarme y embadurnar con jabón los ventanales.
Esta mañana tuve que hacer lo mismo.
Todavía subsiste el bálsamo de la pequeña laguna
marcada en la parte anterior de las pantaletas negras.
A estas alturas me pregunto si las emanaciones
son partículas embutidas en las paredes de la nariz
o registros electromagnéticos
que permanecen en mi cerebro aun en contra de mi voluntad.

Coincidencias

¿Coincidencias? En la misma fecha en que me llegaron tus manos y te envié las mías, me llegó un disco que había pedido. Se titula *Mudras*. Ese día no estaba pensando en manos, ni en tangos. Hacía poco que se había mencionado el mar, tu cercanía al mar, tu lejanía del mar y me habías estimulado a pensar. Pensaba en el mar... lo que me trae, lo que me lleva... cómo me atrae, cómo me aleja... cómo me asocia con las imágenes de la costa. Cómo me transporta al agua que bañaba la arena aquella tarde en que te sumergías en los pocos pies de mar que pretendían cubrir tus pechos. Te regocijabas entre sol y mar con el torso desnudo, mientras yo, presa de la timidez, te resguardaba para que no te vieran. Recuerdo que un chico que nadaba, a veces se acercaba demasiado a nuestro territorio. He escrito alguna vez sobre el mar. Algún día leerás mis textos. En todo esto y más, pensaba cuando abrí el mensaje de las manos y el mate.

La mujer de los ojos cruzados

A Guadalupe Nettel

Sé que esa mirada doble le preocupa;
mas ese misterioso dejo de ternura me convoca.
Hay una voz presa en esa visión que altera,
y desde su dolorosa realidad, a la mía con gratitud responde.

¿Qué misterioso don la acompaña,
que tras su mirada extraviada en los contornos
parece hablarme en una lengua que sólo dos conocen?
Hay una tímida seducción
en el extravío de su triste pupila.
Y en realidad soy yo el que caigo
en un no sé qué por su desvío.

Ahora o nunca

Anda, bésame.
Pero hazlo en la complicidad de la noche,
cuando el viento es amigo
y podemos tragarnos toda la oscuridad.
Mas allá de la transgresión…
Más allá.
Más allá de la culpa y la confesión.
Más allá de lo inmediato o perecedero…
Más allá.
Más acá.

Un acuerdo sin firmar

Que el corazón no se pase de moda,
que los otoños te doren la piel,
que cada noche sea noche de bodas,
que no se ponga la luna de miel.

Joaquín Sabina

Por supuesto: me dejas transformar
tu natural y heredada locura,
que se transmuta en otros enseres,
en otros tapujos que no son más que la locura misma.
Tu urgencia, que por lo general arrasa con casi todo,
con mi paz (que es a veces irritante sosiego)
se reduce o disimula.

Yo te dejo entrar en mi esfera lunar que contempla y analiza
(mejor aún: te doy permiso)…
o te apaciguas en mis moléculas de humor
ese humor que abarca y sintetiza.
Entonces te detienes… emulas…
te amoldas…
Y ahí, en ese lugar anacrónico y oculto,
tu discurso se vuelve mi discurso…
y en trance singular,
mi distancia es ahora tu propia respiración.
Unas posibilidades se abren…
otras se cierran.
Y para entonces… lo demás nada importa.

Intercambio onírico

Amor mío, no te vayas,
que no quiero verme sola otra vez…
amor mío no te vayas…que lloro.
Sara González

Ella le contó: "Trabajaba en un pequeño café en Greenwich Village. Trapo en mano, limpiaba. Mi madre estaba allí, platicándome, mientras yo laboraba. Había una conmoción… una muchedumbre se aglomeraba al otro lado de la calle estrecha. Tú estabas en el centro del gentío en un traje de lino claro, verde menta. Tenías unos clásicos espejuelos de sol, como los artistas de cine. Estabas más lozano, aunque ya no eras un hombre joven."

Él le contestó: "Era tu habitación, aunque quizás daba hacia el sur. Acababas de caminar hacia la cómoda después de una ducha; una vez más ofreciéndome ese algo especial, ese movimiento coquetón que sólo tú conoces, particularmente cuando estás desnuda y se te mira desde un ángulo posterior. Seducción que camina. Caminar que seduce".

"Al mirar a través de la puerta de cristal biselado, me di cuenta de que filmabas una escena; que por fin tenías la oportunidad de actuar. Sentí el estremecimiento que siempre siento al verte."

"El agua pudo haber enjuagado mis vestigios, pero no la sensación de llenura y alegría, modestia mezclada con dicha. Unos minutos antes, incitada por timidez e inseguridad al principio, invadida por relajamiento y aceptación más tarde, sellabas una de esas clásicas sesiones".

"Quise correr y cruzar la calle, acercarme como el resto de los admiradores. Pero me reprimí para no distraerte, en caso de que me notaras."

"Abundan en esa etapa quejas y comentarios que revelan ansiedades interiores, frases que cargan un deseo insatisfecho de explorar lo desconocido, o de descifrar silencios y misterios percibidos en mí".

"Pero me viste, y tu mirada inquisitiva, tierna,
era casi palpable. Regresé al mostrador. Mi madre dijo:
'¿Quién es él?' (¡te veías muy guapo!) Yo dije: 'Oh,
es alguien que conozco'. No le dije lo que realmente
eras para mí. Quería gritarlo… pero me quedé callada,
sintiéndote allí, afuera… en la multitud".
"El juego amoroso consistiría en preguntas
y cuestionamientos, semi-argumentos y
conversaciones que a veces liberan capas
de tensión, nudos de frustraciones.
Apagamos el impulso defensivo…
hasta desembocar en un profundo,
muy profundo alivio que
nunca deja de aparecer sino entre lágrimas,
tu voz ahogada en susurros ininteligibles.
Muy pronto, como de costumbre,
y en contra de nuestra voluntad, es hora
de partir: ambos debemos encarar
nuestros respectivos y no compartidos mundos.
Tú quieres que me quede y prolongue el momento.
Mi mente y espíritu apoyan tu deseo.
No quiero irme, pero debo".

"Me retiré a limpiar el mostrador para que
no me vieras en la puerta. Pero no pude
resistir y regresé. Como parte de la escena,
tú cruzaste la calle, directo al café. No pude
moverme, aunque sabía que debía hacerlo…"

"La rutina pide que me vista, me peine,
que vea si no se queda algo en la mesa

o la silla. Entonces… allí se dibuja la
postura, mostrando tu espalda de bailarina,
tu cintura de avispa como impresa en
relieve en las sábanas; la expresión triste
en tus ojos, a la vez pidiendo y renunciando,
mientras ombligo y caderas se dibujan en la tela estrujada".

"¿Sabes? En el sueño teníamos la misma
relación secreta de ahora. Cuando alcanzaste
la acera viste mis ojos. Ya no tenías las gafas.
Empecé a dar la vuelta, a alejarme, por tu propio bien,
pues no quería hacerte daño.
No quería que nadie sospechara nada".

"Ya cuando me marcho, relajándolos,
levantas los glúteos una pulgada, como
al fin consintiendo lo prohibido, a cambio
de una hora más. Tu voz viene a mí y se
pronuncia: '¿vas a desperdiciar esto?'
Y yo, ignorando los dígitos *pe eme* en tu alarma,
gentilmente acato".

¡Qué tontería!

¡Qué idiotez!
¡Decir que la mía no es más que una obsesión por tu cuerpo!
¿No ves, clara como alba,
que es reacción a tus laberintos que halan,
enternecen, complican y atan?

¡Oh, sensación!

Ah, divina imagen:
después de la consumación
verte entusiasmada, trayendo
regalos de pensamiento y corazón.
No sentir que me ves
como saco de pus,
madera carcomida,
o grumete perenne en barco sin rumbo,
antes de echarte a dormir
con hambre animal saciada.

Perdona

Perdona si lo que asomó por un momento fue natura.
A veces sucede.
Aunque no lo llames, el cuerpo responde y se filtra.
Entonces te sale, como un intruso que juega a escondidas,
el protocolo impropio e insensato.
Quizás debí haber dicho,
en vez de lo que el texto adelantó sin mi permiso,
que la incertidumbre se me aúna con el gusto;
que no sé si me sentiré cómodo o molesto;
que ignoro si las almas se rechazarán como es debido,
o si se amoldarán en una bienvenida mutua, que es lo ilícito.

Determinismo del si

Si…

… sus fines de semana parecen durar apenas unas horas, no un siglo como los tuyos, *es que no te extraña.*

… cuando está sola, tu presencia se esfuma, *es insondable la distancia.*

… valora más el silencio que las palabras, *en realidad no te escucha.*

… prefiere lo físico al romance, *no eres más que un substituto, una cura temporal a algún ninguneo.*

… su léxico es escaso y repetitivo, *no hay suficiente conmoción en sus entrañas.*

… disfruta y añora el recibir y pospone el dar, *no hay intercambio.*

… tus cartas de amor no la enternecen, *no hay correspondencia.*

… no lee los libros que le regalas, no importa cuán perversamente deliciosos, *su intelecto es nulo.*

… su preferencia insiste en permanecer en lo superficial, *acéptalo: nunca irá más lejos.*

… las letras y música que compartes no la estremecen, *desecha el intento: es pared.*

… no sientes en ella reacción a lo creativo, *no esperes reciprocidad.*

… tu intensidad la abruma y no lo expresa, *no esperes encontrar profundidad.*

II

Si…

… su libido cae demasiado temprano en las sesiones íntimas, *reconócelo: su mente está en otro lugar.*

… no le gustan tus aromas y no saborea tus líquidos, *no hay vínculo.*

… no aprecia tus zonas corporales, *no trates de imponerlas.*

… el sabor de tus besos se evapora en ella con rapidez, *comprende: no tú, sino otro ser, la satura.*

… es calle de una sola vía, *no hay retorno.*

… no percibe tu mirada dulce, calmante y amorosa, *no hay alma en sus ojos.*

… no llora ante el sufrimiento de otros, *no hay empatía.*

… ignora invitaciones a tu especial universo, *no insistas: probablemente no ha encontrado el suyo.*

… no anuncia ni comparte sus momentos de intimidad, *para ella no existes.*

… no hay anticipación de encuentros ni recuerdos placenteros, *no has dejado huella.*

… su cuerpo no es tibio y acogedor cuando estás cerca, *entonces su corazón está helado, o late por otro.*

III

Si…

… da poca importancia a tu gentileza y vulnerabilidad de hombre, *puede que carezca de ellas.*

… sus deseos de último minuto los causa el sentimiento de culpa y no la necesidad de ti, *no le des crédito.*

… el deseo de verte de pronto se convierte en negatividad, *sólo busca su satisfacción,.*

… la timidez se convierte en su escudo y no su lucha, *esquívala… o te consumirá a ti.*

… sus monstruos interiores le impiden crecer y abrirse, *disfruta tú tus victorias.*

… está siempre ocupada y con poco tiempo disponible, *detente: está en su hábitat.*

… su respiración es silente y el pulso no se acelera, *sus humores no te pertenecen.*

… tus comentarios salpicados de lenguaje poético le suenan a quejas y lamentos, *no los compartas.*

… la coherencia de tus textos la desanima, *elimínalos del todo.*

… tu discurso no la impresiona, *modifícalos o no tengas ninguno.*

… su "ritmo" no compagina, *cambia el tuyo o márchate.*

… tú eres el amante y ella la amada, *allí no habrá llama jamás.*

… sus sentimientos no son espontáneos, *no los fuerces.*

… no muestra hambre empapada de amor: *no pierdas el tiempo.*

IV

Si...

... elogia la soledad, *la aparente camaradería es fingida.*

... no conoce el placer del dolor y el gozo de las lágrimas, *desiste: la pasión no se enseña.*

... no hay paciencia en la espera, irá a *buscar la saciedad en otro(s).*

... no hay sentir cuando estás lejos, *tranquilo, mi socio: puede que después de todo, no te ame.*

... te niega una pieza en la danza del amor, *acéptalo: a veces es preferible bailar solo.*

La última carta

Ésta es mi tercera y última carta dirigida a ti. Las dos primeras no las leíste, porque nunca dejé que llegaran a tus manos. Me temo que ésta tampoco la leerás. Lo más seguro es que la destruya. Si no lo hice antes, ¿para qué darte la satisfacción de recibirla esta vez? Reconozco en mis adentros, no ante ti, pues mi orgullo no me lo permite, que por lo general soy hermética en mis actitudes y ademanes: disfrazo mis íntimos secretos con una fachada de disimulada timidez.

Recuerdo que logré, en una ocasión, iniciar un diálogo que te sorprendió, dado mi acostumbrado mutismo. En verdad me fue muy difícil abrirme un poco. Te comuniqué en aquel entonces la intención de separarme del hombre que me dio dos hijos, mi más preciado tesoro. Fuiste todo oídos cuando me atreví a hablarte aquella primera vez. Por cierto, me escuchaste como un verdadero amigo, como un buen padre que conoce los vuelcos que da la vida. De hecho, me aconsejaste que no me separara de él, solución fácil que dictaba mi hastío. De más está decirlo: con mi acostumbrada terquedad, no seguí tu consejo, ni te lo agradecí.

No sólo me separé legalmente y lo excluí a él de lo que había sido por décadas nuestro hogar, sino que también busqué en ti apoyo, protección, empatía. Nunca te lo he dicho: recibí todo eso y muchas otras cosas. Pero, más que nada, te utilicé como hombre y amante a corto plazo, con todas las complicaciones que la relación traería. Te utilicé para descargar en ti mis frustraciones y mis rencores. Nunca lo supiste, pero hasta cierto punto pude realizar contigo una especie de venganza contra él, aunque en realidad no me había hecho ningún daño, pero yo necesitaba un cambio en mi entorno. Al menos eso pensaba. En esa etapa del largo período de búsqueda de mí misma en que me he sumido por años, sé que sólo te di pedazos de pedazos y nunca te permití que me consideraras una amante, aunque sí lo fui, aun antes de romper con él. A veces me decías, desde luego, en otro sentido más dulce y tierno, que era yo tu amada y tú mi amante. Quizás nos valen mejor esas etiquetas, pues, en realidad (y esto lo puedo decir ahora sin ninguna dificultad) nunca te he querido. Dentro de tus particulares y difíciles circunstancias, quizás tú a mí sí. Para bien o para mal, a estas alturas, ya no importa.

Admito ahora ante la imagen que me devuelve el espejo, que de esa manera procuré una forma de desatar algunos de mis demonios. Sí disfruté las sesiones orgásmicas que me permití regalarte bajo la tímida voz de velas ungidas y tibias pociones de miel, aunque, te consta, con poca expresión, satisfaciendo sólo parcialmente ese aspecto físico de mis necesidades de mujer. Te puedo afirmar ahora que lo que más deleite me daba eran los encuentros en que corríamos más peligro de que nos descubrieran. Sí, cuánto mayor el riesgo, más intenso el placer, más copiosa mi lluvia interna. No me ha abandonado, desde entonces, mi deseo de probar nuevas voces y aromas, nuevos tamaños y colores. Debo admitir también que en ningún momento pasó por mi mente el daño que le causé, y sigo causando, a tu corazón. Tan ensimismada estaba en mis propias luchas, que no se me ocurrió en ningún instante pensar que, sin duda, hay hombres que comparten su pasión con claras evidencias de profesar un amor especial. Yo insistí en negar la realidad, mientras tú la canalizabas convirtiéndola en ficción. No comprendiste que el amor es un sentimiento que algunas personas son incapaces de sentir. Yo me contaría entre ellas. Esta verdad tampoco la sabrás, pues esconderla es parte de mi idiosincrasia de hija única: eso, quizás tú, más que nadie, lo sabes.

Mi primer amor, como te conté cuando me enteré de su muerte, falleció sin saber que lo quería. Nunca tuve el coraje de decírselo, si es que en verdad lo quise. Tampoco te diré cómo me siento respecto a ti, ni cómo me hiciste sentir en nuestros esporádicos momentos de intimidad. Sí sé que fuiste alguien importante en una época de mi vida, aunque siempre te he negado conocer este loco parecer mío.

Pero, ¿por qué te me acerqué? ¿Por qué sugerí que me dieras un primer beso? Quizás porque he visto en ti algunas cosas que me llamaron la atención desde lejos, desde la distancia que trazó nuestra fragmentada cotidianidad. Sobresalía tu serenidad, tu equilibrio, tu profundo sentido de lealtad. Sin embargo, para serte sincera, nunca pensé que podrías sustituir a ninguno de los hombres a quienes he entregado mi cuerpo o los que creí haber querido o he hecho creer que en algún momento los amé. Aunque es una revelación reciente, ahora estoy más que consciente de que poseo armas. Sin proponértelo, tú me ayudaste a descubrir ese conocimiento, ese poder. Esas armas las he sabido utilizar para persuadir a mis presas en lapsos en que mi propia necesidad psicológica o fisiológica me lo exigió. Admito que mi uso de ellas con el propósito de sacar ventaja en alguna situación ya es mi sello de marca. También lo es mi capacidad para eludir preguntas y crear un muro de silencio. No hay nada más poderoso que esa opción para proteger alguna flaqueza o esconder verdades. Si piensas que sé manipular muy bien el aspecto sentimental en mis amantes con estas y otras armas, quizás yo estoy de acuerdo. Puede que sea un mecanismo automático de defensa que mi propia vulnerabilidad y baja autoestima produce en el instante en que me huelo la posibilidad de mostrarme como una mujer débil. He sabido huir así de mi frecuente aburrimiento. Puede que simplemente sea otra forma de proteger mi derecho a saciar mi hambre o urgencia de seducir sin tener que caer en enamoramientos, como con frecuencia lo hacen los hombres.

Sé que muchas veces he provocado el acercamiento en una nueva relación, una nueva aventura, un nuevo hombre. Lo he hecho sin dar mucho de mi parte, y te repito que nunca he quedado conforme con lo que recibo. En dado caso, si alguien, tú incluido, me reprocha el haber sido la iniciadora en cada relación, siempre tendré la opción de defenderme y responder que fue un error, que fue un momento de debilidad, que batallo por encontrarme a mí misma… y nadie ha de culparme o condenarme. En realidad, aunque lo quiera o trate de hacerlo, no es mi culpa que no pueda comprender la existencia ni la magnitud del amor que un hombre es capaz de prodigarme. Quizás soy incapaz de amar, como tú habrás ya concluido. Es un comportamiento muy arraigado en mi propia naturaleza, y no intento borrarlo de mi constitución cerebral. Por supuesto, esto me atrevo a decirlo no en una, ni tres, ni mil cartas dirigidas a ti o a cualquiera… total…. si al fin y al cabo… jamás te enterarás.
Hasta nunca.

Tema decadente para un bolero

"Te vas porque yo quiero que te vayas,"
canta el macho bolero.
A fin de cuentas…
adiós contornos glúteos
que deslindan adiposas pelvis:
dobles pistolas envainadas
tras ricas fundas de piel.

Por mi parte,
admito que mastico arena.
Mas si hubo gusto en algún cuarto ajeno,
la memoria excluye momentos felices;
y, tras severo inventario este saldo dejas:
interminables soliloquios,
indiscretos vellos que la lengua hieren,
mocos de transnoche, de neurosis lágrimas,
ayuno vómito, nicotino aliento,
imprudentes eructos de ron y desvelo,
exabruptos con diarrea del simpático nervio,
mariscosas menses, con sabor a orina,
residuos peligrosos de otras leches
¡Sabe Dios cuánto *in vitro* ahogó tus centros!
Como ves, no es mucho: evulsión, hernia.
Amor: *exactor mortis* que barre el viento.
Aborda tu frágil bote de vela.
¡Y buena suerte!
"Cuida que no naufrague" con tu nuevo mecenas.

Le placía decir

Le placía decir, con extraña pero genuina humildad, que era buen conversador, que tenía buen oído para escuchar a las personas. Admitía además una peculiar sensibilidad para encontrar el giro apropiado tanto en una charla como en una conversación íntima. Podía sumirse con relativa facilidad _afirmaba_ en poesía, cuento, ensayo, crítica musical y literaria.

Cuando la conoció unos años atrás, _se le ocurre en la actualidad_ la dama lo impresionó con una dulzura exquisita que proyectaba de forma muy natural cuando hablaba y sonreía. Era de esas pocas personas que sonríen con los ojos. Sin embargo, en una ocasión notó en ella una especie de tristeza y preocupación que por alguna desconocida razón necesitaba ventilar… al menos…así pensaba. Esa vez no pudo percibir en su rostro _agregaría él con dejo nostálgico_ aquella su acostumbrada sonrisa.

Pasaron unos meses; nunca le dio muestras de haber leído sus notas. La ausencia de un comentario crítico, o una excusa al menos, parecía importante para él. Sin embargo comprendió: después de todo _pensó con empatía_ estaría atravesando unos momentos difíciles. No todo el mundo acude a la lectura, la psicología o la literatura para de alguna forma refugiarse en ellas en momentos de pesadumbre, soledad o deseo.

En su diccionario personal *tomar un café* o *compartir un trago* con una amiga o amigo no significaba tener una cita amorosa, cosa en que, me consta, no estaba interesado. De hecho, le sorprendió mucho que, en su precipitada reacción, mencionara la palabra *noche*, que ni a él mismo, con todo y su iniciativa, se le había ocurrido. Las connotaciones de rigor con el lado oscuro del día le daban a las posibilidades futuras un color que no entraba en sus planes. De momento, _le recalcó además_ la consumación de algún posible encuentro era prescindible, como el tiempo, en su infinita persistencia probaría.

El extraño significado del verbo extrañar

Estoy tan enamorado de la negra Tomasa
que cuando se va de casa, ¡qué triste me pongo!
Guillermo Rodríguez Fiffe

Siendo jóvenes, nos queríamos con ese amor intenso y rozagante, novelesco e inocente que con frecuencia hacía ahogarnos en un vaso de agua por cualquier picadita de mosquito. Talvez influenciada por su hermana mayor, quien quería algo mejor para su hermanita, en cierta ocasión se creó una de esas dramáticas crisis tan comunes entre jóvenes que se quieren bien. Recuerdo con increíble claridad aquella dolorosa cita en que me dijo bajo un manto de lágrimas y en tono muy serio: "Escucha bien... tenemos que dejar de vernos... si en verdad me quieres, por favor no me busques más".

Admito que, a pesar de las costumbres chovinistas que imperaban aún más en aquellos tiempos ahora lejanos, se me aguaron los ojos.

Poco sabía yo, siendo casi tan joven como ella, que aquel inesperado rompimiento sería un ardid femenino para asegurarse de que el noviecito valía la pena... que era, como todavía dicen, un buen partido... ¡Quizás ni ella misma sabía que aquello pudo haber sido una hábil treta para probar la robustez de mi amor!

Por supuesto, me alejé, muy en contra de mi voluntad... con una enorme lanza clavada en el pecho... pero me alejé.

¡No han inventado aún las palabras para describir cuánto la eché de menos! La extrañé tanto, que mi familia y amigos se empezaron a preocupar por mí. Perdí completamente el poco apetito que me definía a esa edad. Mi cuerpo, que por naturaleza siempre fue tan delgado, empezó a exagerar su delgadez.

Por casualidad, pura casualidad, en un trío de meses me encontré con ella en una parada de guaguas. Estaba tan delgada como yo: triste descubrimiento que acabó con romper lo poco de alma que me quedaba.

No sé si notaría la alarmante pérdida de peso que hacía de mí parangón de escuálido. El caso es que empezó a llorar... con dolor y rabia macerados en sollozos, exclamó: "¿Por qué no me buscaste? ¿Cómo es que lograste esconderte de mí por tres largos meses? ¿Cómo pudiste pasar tus noches sin buscarme? ¿No pudiste imaginarte por un momento cómo me sentía? ¿No me habías jurado que me querías? ¿Dónde está ese amor? ¿Es que no tienes corazón?"

Los que me conocen saben bien que cuando alguien a quien echo de menos me insinúa que el sentimiento de añoranza es mutuo, el peso de aquella lanza disgregándome las costillas, regresa a flagelarme con renovada y crujiente ferocidad. En fin, No nos volvimos a ver. El tiempo, las circunstancias y todo lo que vino detrás de aquel encuentro fortuito y ordinario, se confabularon contra lo que pudo haber sido y nunca será.

De momento sabrás

De momento supongo te imaginarás
que prefiero oírte hablar de culpa y no de celos.
Autonombrados jueces, vendrán terceros
que te apoyarán en muchos de tus burdos planteamientos,
conmigo como blanco de sus índices.
Mas sabrás que el culpable lo es menos
cuando lo admite
y no condena al ausente que
con nada de culpa tiene que ver.

Suficiente hay con los inquisidores que te encuentras a diario.
No hacen sino encontrar en cada uno de tu propio respiro
una frase torcida, un giro deliberadamente tergiversado…
más por la voz que lo emite
que por el oído que medio escucha

Destierro

Vete a la calle, Insulano.
Vete y encuentra con qué o con quién descargar tus desazones.
Vete, antes que la morada
se transforme en dúo de tercas hendiduras.
Vete, antes que caigan ambos en la irreversibilidad.

Ecuación y punto

Medusa, algún poder inexplicable
dictó el acertado principio dialéctico
de que ahora tu presencia
es sinónimo de calcinante dolor atrancado en hipérboles,
más todo el remanente que ese dolor arrastra.

¿Qué respuesta me nace? Pues me nace una respuesta:
en la más insignificante de las vértebras,
desde las más ridículas estructuras moleculares
que en algún momento iniciaron mis vísceras,
hoy decido solemnemente no volver a verte jamás.
Simple y sin rodeos:
tu presencia hace daño, y punto…
ni seguido, ni aparte, ni suspensivo… estrictamente final.

En tránsito

Como admitidamente soy craneano,
si en ocasiones ráfagas de tristeza me golpean y me vuelcan,
mi karma me empuja a extirpar el dolor en forma de verso:
precisamente allí, en ese punto de ebullición,
se pronostica alguna cuarentena gnoseológica.
Mas el estadio depresivo no es en mí natura.

No busques entonces, Andrómaca,
mi depresión, para así aliviar la tuya.
Sé que necesitas mi humor y mi empatía.
Pero no trates, corazón, de deprimirme,
Levántate: tienes a otros que te aguardan y observan tus cotidianidades.
Vuelve a tu risa loca y bochinchera aunque estés sin mí.

Evidencias

Las evidencias que nunca verá
ni querrá ver,
indican que vive tan enfrascada en ése,
su propio y pequeño mundo,
que no nota la laboriosidad de las hormigas
ni la magnitud de las pequeñas cosas proyectadas en los ojos del vecino,
ni el amor que había crecido en el hombre en algodón.
Sabrá que hasta las buenas telas destiñen,
aunque no alcancen su objetivo,
aunque no las escuchen ni vean,
ni presientan lo que pronto será
estampa perenne de la ausencia.

Isadora

Danza, libertad, movimiento y opción.
Efervescente como mar o cerveza,
ella le abrió las puertas al último;
aquellas que el penúltimo le había hecho cerrar.
Luego, por esas mismas puertas,
entraron otros últimos,
penúltimos y primeros.

UNDA MARIS

Jesús exclamó

Jesús exclamó:
"Aquél que esté libre de pecado, que tire la primera piedra."
Alguien en la muchedumbre lo secundó:
"que la tire aquél que de traumas libre esté."

Mi madre

Quiero imaginarme que mi madre todavía vive. Es una persona muy peculiar, llena de amor, bondad y resentimientos. Siempre estuve muy allegado a ella. Ya no lo estoy tanto, particularmente desde que empecé a tener hijos. Extremadamente perspicaz y analítica, siempre tiene a flor de labios una frase aguda, a veces cortante, a veces hiriente. Sin embargo, pese a esta incontrolable particularidad, puedes contar con ella para lo que sea. Sabe buscar el matiz necesario para hacerte sentir bien si te deprimes o sufres. Otras peculiaridades que no son necesariamente buenas la definen: es la persona más leal que conozco, excluyendo a mi compañera. Sin embargo, si le haces daño, no lo olvida nunca… si le pides perdón, te dice "te perdono, pero no lo olvido". Conserva amistades por décadas y décadas, pero noto en esas amistades una especie de sigilo, de miedo a no ofenderla, de no decir algo que pueda herir la ultra-sensibilidad de mi madre. Esta condición quizás le resta un poco de espontaneidad y libertad al vínculo, y… me hace pensar que mucho énfasis en mostrar autenticidad, a veces denota falta de ella. Pero así corre la vida… con iluminaciones y deterioros alternados. Sus giros nos hacen crecer y discernir, crear y desmantelar mitos, objetivar los ojos y acuartelar las miradas… amar desde el corazón a pesar de las sorpresas indelebles o lentas epifanías. Se quedan las cosas positivas en uno: el cariño, los principios, los sacrificios… y, más que nada, las sólidas muestras de amor. Éste es el saldo que me queda y quiero transmitir a las subsiguientes generaciones: AMOR… EL VERDADERO.

Hay un grave golpe irónico

A Agapito y Tío Lala

La elocuencia del cigarrillo fue su estampa
(quizás una indispensable marca de ingenio).
Tanto dio la nicotina, que le amordazó el hemisferio del habla,
hasta quedar como sombra dolorosa en una silla de ruedas.

En el otro, la más valiosa propiedad fue su porte.
(Sus andanzas parecían pregonar un singular presagio).
Cangrejos malignos le cortaron de cuajo la pierna izquierda.
Hay un grave golpe irónico en esta extraña analogía.

Mi pecado

Me acabo de enterar que la dulce y sencilla Audrey Hepburn,
que nos hechizó en nuestros años de desarrollo
por su belleza serena y discreta,
era delgada gracias al hambre que pasó cuando niña,
no a dietas obligadas para proyectar una programada imagen
en el Hollywood plástico y perverso...

Peco. Es el pecado de no saber.
Ese detalle no lo conocía.
La costumbre: siento nostalgia y sé que no debo.
Apenas te enteras de que ella existía
(me plantean) ¿por qué sentir tristeza?

Y yo digo: ¿por qué no?
¿Acaso no sienten nostalgia del futuro los jóvenes?
"Nada humano me es ajeno", ha dicho el sabio...
y el axioma aquí se aplica.

Bueno, no es más que un pensamiento cazado al vuelo.
Es una breve salida del entorno para profundizar
en lo que está más allá de una simple apariencia.
Es adentrarse, no en la Historia,
sino en las pequeñas historias,
como apuntaba don Miguel de Salamanca.

Le reveló el héroe casi muerto

> Y aún serás más desgraciada cuando pienses que ha muerto
> el hombre que te hubiese librado de la esclavitud de tener
> aliento en su cuerpo.
>
> Homero, *La Ilíada*, Canto VI

Cronos te ha sorprendido y no te recuperas de
la espectral epifanía
(le reveló el héroe casi muerto a su Andrómaca).
Por lo menos en algo coincidimos
en esta compatibilidad de la costumbre,
en esta larga, ya tan larga dialéctica.
Se aflora que estoy listo para la trascendencia final,
que es la primaria.
De tu parte, y con relativa razón, te preocupas por la tuya
y por los tuyos, los que te heredan y muestran el producto
de tu empeño y calor.
En lo que no convergemos es en la inminencia de
mi propia muerte, que llegará primero,
como anunciaron las tablas del vetusto.
Ya doy por consumada mi ida.

Partículas

Después de todo,
tarde nos damos cuenta poco antes de la partida:
no somos más que partículas diminutas
de papel higiénico,
reminiscencias de recientes visitas
que insistieron en adherirse a la vellosidad anal.
Al final, en algo hemos de coincidir con Sartre:
lo mismo da que sea principio o fin,
piedra, planta o animal, célula o raíz,
molécula extraviada o átomo que desorbita,
confirmación de una ambiciosa teoría,
la continuidad de un nombre
en sello… epígrafe… o epitafio.

Rumbo al siempre

Entonces nació la necesidad de inventar el tiempo:
como la rueda que se alió al movimiento
para prestar su circular ayuda a la destreza:
principio de solidaridad gravitacional.
Así, el universo se expande en múltiples direcciones
hasta alcanzar nuevas órbitas que quizás son
las mismas órbitas que trillones de veces
interceptaron otras
y las mismas otras
que hoy, como ayer, apenas conocemos.

¡Cómo juegan los opuestos!

La realidad es irracional.
Hegel.

¿Qué imagen obvia tendríamos de la luz sin conocer su ausencia?
¿Qué referencia buscaríamos en el océano de las posibilidades,
en la finitud de lo infinito, en la amplitud de un beso o en el ardor de una mirada esquiva,
si no tuviésemos la seguridad que imprime la certeza?
A veces nos sorprende la cercanía de esos extremos que insistimos en separar
con nuestra terquedad, que es torpeza.

Uno más = uno menos

¡Qué agradable sorpresa en Madrid!
Mientras leíamos un afiche que anunciaba su próximo concierto
en pleno Paseo de la Castellana,
se nos acercó una señora, de aspecto simple y cotidiano
y nos dijo, como si nos conociera de antaño:
——¿Sabíais que han cancelado la presentación?
Han tenido que llevar a Plácido al hospital.
Convalesciente, después de un brinco del corazón,
le preguntaron, en su ocaso al "séptimo día":
——Señor Domingo, ¿por qué arias de barítono para el tenor del mundo?
"Siete décadas es más que suficiente para este cansado corazón",
señaló sonriendo el artista.
¡Ah! reconocer a tiempo el nuevo y limitado registro.
No hay mejor muestra de madurez, Maestro.

Olor a viejo

A Sergito Ruysegnor

Frecuentes visitas al mismo mercado de pulgas
parecen impregnarle
un ecléctico vaho de recuerdos antiguos.
En su dermis facial
viajan impresas sonrisas e ideas
ya marchitas y obsoletas al segundo de nacer.
Son marca indeleble del perenne engaño de Cronos.
Escarcha, tufo,
crujientes definidores de neurastenia.

Pátina que se transforma en otra historia:
intentos de regresos, amagos de duplicación
de emanaciones extinguidas.
Ir a la cama con apenas un sutil enjuague,
sin dentífrico, sin cepillo, como incitando ávidamente a las caries
o presagiando un final obligado…
y a la vez inalcanzable.

En su constante y cansada ofuscación,
se le olvida que la costumbre con frecuencia puede más
que el vapor original de su primer descubrimiento;
y aunque le provoque quisquillos,
la aflicción al fin le gana
al vislumbrar el tono gris y pálido de tardes que se achican,
o pasillos que languidecen en hoscos espejismos.
La inminencia lo convence o lo derrota:
ya no se puede caminar más.

Sepulcro

El espacio se aminora, desde luego.
Se nos niega y no podemos
ganarle la partida, que es ida.
Desde la infinita llama, que es regreso,
hasta la sepulcral valija que es la muerte.

Claro, en nuestro afán de niños,
insistimos en seguir siéndolo,
ya muy pasada la niñez.

Luego aquel lapso intermedio:
el de las transformaciones
corpóreas e inesperadas,
el de las sorpresas y otras apariciones,
cuando la espera nos parece eterna:
para entonces protestábamos;
nos quejábamos de la lentitud de los años, que se nos antojaban siglos.
Y anhelábamos un futuro mejor,
libre de ataduras:
nostalgia del futuro, dicen los que mucho saben.
Es la peor demora, ésa, la de alcanzar la adultez,
Que, a fin de cuentas, no espera.
Para entonces ya somos esclavos de la herencia,
del peso de la cultura o del empuje de las costumbres, que es lo mismo.
Los legados implantados o rechazados por la misma dermis,
que antes esperaba y ahora recibe dosis de tiempo,
de cucharadita en cucharadita.
Engañados, creemos que madurez
es sinónimo de paraíso
y no se nos cura este mal existencial.

Ahora hablamos de muerte.
Y aceptarla no necesariamente significa pedirla o ansiarla,
temerle o buscarla: es simplemente crecer en la consciencia

mientras el cuerpo se desvanece y los sentidos,
entre lápida y lápida, se escurren y estremecen.
Se acerca ya en movimiento seguro.
Avanza calladamente, como descomunal obstinación,
a unirse al que en proporción inversa lo espera.

La guardia se transforma:
de años procrastinados
a segundos que insisten en acortarse,
en desdoblarse en su larga estela de finitudes y negaciones.
La nueva morada se incita a sí misma,
nos contempla en su holgazana actitud,
y se regocija con su nuevo y permanente inquilino.

Se reduce uno

Se reduce uno con la muerte
Los entornos se agrandan paulatinamente
como torrente airoso
que inunda tu yacimiento
(opción obsoleta que ahora perturba)
y sólo a los dueños del superpoblado cementerio enriquece.
Hasta el espacio mismo
se reconstruye
y modifica su propia concepción.

Vida

Vida es amante que descuidas…
Amante es vida que te deja cuando menos lo esperas.

Tapa dura/tapa blanda

Pues se vive entre dos tapas.
Dichoso o maldito
Aquél que las abre
y cree que penetra
sus misterios.

Monólogo ulterior

Se abren o se cierran.
Dígame usted:
¿cuál es la diferencia?
¿Se entra, se sale, se huye, se esconde?
Si hay un principio, ¿hay un final…
amorfo?, ¿lineal?, ¿cíclico?
¿sempiterno?

Tiene razón: yo tampoco comprendo.

Simbiosis

Estoy aquí sin nombre,
y sin saber mi paradero.
Hay gente que es de un lugar,
no es mi caso.
Yo estoy aquí… de paso.

Jorge Drexel

De alguna manera hemos de reconciliar
lo que hemos vivido
con algún tipo de
reconciliación.
Si al final tenemos como argumento
aún más preguntas, entonces,
¿por qué no formulamos una sola,
tan arrolladoramente desproporcionada
que no necesitemos nacer otra vez?
¿Empezar desde el umbral de todo
para recibir tan descomunal respuesta?

El de las andadas

Las palabras saben que vamos a morir.

Jorge Oteiza

He visto por ciclos,
a aquel señor vestido de entusiasmo joven que deambula por la acera,
siguiendo o arrastrando un sentido contrario.
En su andar, estilizado ya por el peso de la costumbre,
escuella una voluntad no tan obvia de conservar la anatomía,
de torear la senilidad o talvez salvar el intelecto.

Y lo observo, dentro de los segundos que el tránsito permite,
En el trajín de cada mañana, lustro sobre lustro...
década tras década...

Últimamente noto en él la insistencia de las canas,
las presagiadas debilidades de sus músculos.
la expansión de los tejidos del abdomen,
a veces marionetando un gastado báculo,
más otros elementos que la imaginación, sin esfuerzo, produce.

Al volante, las yardas que pasan y se impulsan hacia atrás
me impiden ver las transformaciones que en mí, igual que en él, se
duplican...
(o es el conducir una inmadura excusa de mi parte).
Me doy cuenta muy a mi pesar,
De que en realidad él y yo compartimos la misma locura, que es la vida;
la misma neurosis, que es la norma;
y la misma cercanía, que es la muerte.

VOIX CELESTE

Coraje de la musa

Las penas que me maltratan, son tantas que me atropellan,
y como de matarme tratan, se agolpan unas a otras y por eso no me matan.

Sindo Garay

Nunca podré saber, a menos que usted me lo diga,
qué daño tan grande le han causado.
Es tan constante ese dolor
que el instinto le induce a tratarme con
desgarradora apatía y crueldad.
Circunstancias... temperamento, más que carácter...
me sugieren que nunca me lo dirá:
otra muestra de su actitud roedora.
Es como si se concentrara allí,
por alguna zona metafísica
y rumiendo en caótica amenaza,
ese rencor que consume,
esa arañuela que urde los hilos de íconos consustanciales.
En ellos se aúnan en macabra sinfonía,
el génesis universal con sus etapas embriónicas,
el origen de cada especie,
la invención de la palabra "total",
teorías, sustancias y tropos,
más las praxis de otras tantas.
En ese aleph, se engendran por igual,
espacios indelebles que nutren
las gravitaciones, atmósferas, y caídas,
terremotos y huracanes,
epidemias, guerras, hambrunas,
donde nunca falta la provocada ictericia del sol.
Es recinto carnal con primacía de centauro,
Que resguarda el viejo Hermes,
quien con usted y por usted se mueve.
Allí se fabrican mutilaciones,

intentos y abandonos, barbaries, mal de amores,
dirigidos con odio hacia la tierra, que ninguna culpa tiene,
para luego descargarlo en mí,
que, estéril y endeble,
subyazco, a tientas, bajo un suspiro...
a sólo dos segundos de mi ida.

Corvus corax

Observo, preocupado, a los nuevos políticos:
(ministros y actores de pacotilla con acceso al poder).
Me los imagino tema obligado en una pintura neo-posmoderna...
y pienso: al hombre le tocó lidiar con los burócratas
y luego convivir con ellos:
aquellos que, criados por desarrollo y función,
la fuerza genética les impone un córvido apetito...
Persisten abstraídos,
en apegarse a marcos que no son más que quisquillas de madera carcomida.
Enterradas en polvo creciente,
Las plumas brillantes en negro hablan aún más
que el total de las imágenes que se encuadran.

Con frecuencia llegan a alcanzar lo que buscan:
destruir lo que han logrado otros.
Algunos son idiotas; otros, tontos útiles.
De ellos no se aprende nada y, sin embargo
se ganan el poder de impartir su ignorancia,
cosidos a una desmedida falta de eticidad.
Esa dañina escasez es la que trasciende,
no importa cuán poderoso el afán oximorónico.

Libros y bibliotecas

"Los libros van siendo el único lugar de la casa donde todavía se
puede estar tranquilo".
Julio Cortázar

Entre estantes, el silencio puede ser mutuo,
como diálogo que fascina y cautiva.
Pero, ¿cómo no llamar silencio al contorno de voces
que se esconden tras cubiertas protectoras?
Alguien susurra un clamor en sordina,
un desesperado grito por callar
a tantos impertinentes que rompen el coloquio.
Ya no pesa el Borges que imagina
ni el Manguel que lo sigue como alumno perpetuo.
Ahora se valen del lugar para gratificar sus poquedades sabatinas,
secundando la perversa intencionalidad de los políticos
(los que oficializan la nueva y banal utilidad…
aquellos que nunca honraron el piso antes sagrado de las bibliotecas).

Ahora somos o nacemos
capacitados para un mandato, una señal, un código.
Ya los genes cargan células que sólo responden a lo fútil y mecánico.
Acudimos a las bibliotecas
a compartir nuestros alambres, nuestros deberes sintéticos,
nuestros injertos microprocesadores.
Allí nos conectamos y respiramos con ridículo entusiasmo
para hacer públicas nuestras más íntimas y triviales cicatrices.
Nos encajamos, en psicópata afición,
con el otro lado de la tapa de la máquina
y canjeamos nuestros vellos cibernéticos.

Contemporaneidad robótica. Como todo.
Como la nueva mano que se extiende en forma de móvil.
Autómatas, nos movemos antes de pensar.

¿Cómo sobrevivir a tanto hastío?

Auroras

Entramos ya al Imperio de la Mediocridad o de las Heces,
al paradigma de la literalidad (licencia poética);
al continuo minuto del poema que es la vida,
a la evocación, por instinto, de alguna carnal Edad Dorada.
En definitiva, retorno a los peculiares filamentos de mis nervios,
entidades que aún se adhieren a la defensa del honor que insiste
en ser honor, a pesar de los diretes.

Quizás tengan razón los que presagian un inminente conato apocalíptico,
ahora que amar es tan difícil,
ahora que nadie cree, que nadie estima,
que nadie espera un renacer o un mordisco a una allende utopía;
ahora que es tan denotativo el calor, escaso el aire,
y cuando pensar es cada vez más prescindible.

Mientras el palo va, la pala viene,
y yo me quedo ansiando conjugar el más perverso de los verbos;
resignándome a convocar a algún espíritu;
a aferrarme, con gusto animal, a la alquimia de sahumerios axilares,
para luego freírlos en la incandescencia de la gente,
cada vez más lejana e intangible;
o a cobijarme en la memoria de mis muertos
y terminar como ellos, donde no los vemos ni sabemos si nos ven.

La idiotez de la utilidad

A Jorge González Guerrero

Nos movemos en pleno IMPERIO DE LA MEDIOCRIDAD,
mi querido Jorjazo.
Todo sigue un modelo mundial.
Primero se crean "crisis de la educación";
y con la excusa de eliminarlas,
se privatiza la instrucción (educación, para mí, es otra cosa);
luego se va eliminando la docencia,
carne y hueso de la estructura.
Terminaremos a merced de las computadoras,
de las corporaciones lucrativas
de la nueva burocracia que sustituirá a directores de escuelas
y presidentes de universidades,
con individuos que impondrán e implantarán
los planes macabros de la globalización
con programas de nombrecitos simpáticos y engañosos.
Las naciones serán gobernadas por idiotas,
apoyados por tontos útiles.
Paulatinamente se irá eliminando la cultura,
el arte, la música, la escritura,
y... más que nada, la capacidad de pensar y discernir.
Si la conformidad nos conforta y nada hacemos,
entonces todos seremos culpables.

Inventario

A Chichí, Papo y Mamita

Soy lo que leo y me convierto en lo que escucho:
vértigo y vapor en Sabina,
la transparencia en Serrat, el dolor en Vallejo y Frida.
Me sostiene lo cotidiano en Neruda, la solemnidad de un Whitman,
el populismo de Lorca, los Machado, Atahualpas,
el *carpe diem* de Chavela,
la energía de Gandhi y la paz de los Guerra.
Me define la ansiedad, me avasalla mi propia existencia.
Me ampara un caparazón de docilidad y sosiego.

Las orquídeas se demoran y premian a los ojos que esperan:
sentido viejo que aguarda a la muerte que pronto llega.

Me unen Yoursemat y Borges:
valorizan el pasado en ubicación fresca.
En negritas y cursivas, se proyectan Jorge Drexel,
Chico Buarque, Dylan, Schopenhauer, Nietzche y Mercedes Sosa,
quienes revelan deficiencias o fermentan aciertos,
confirman sueños o limitan disgustos y torpezas.
Me atrae lo visceral de Benedetti, la Delmira y la Alfonsina.
Son ecuménicos Yo Yo Ma, Santa Teresa, José Martí y los Shankar.
Tracienden Ravel, Debussy o Bach en su humilde polifonía.

Las orquídeas se demoran y premian a los ojos que esperan:
sentido viejo que aguarda a la muerte que pronto llega.

Aprendo de Dudamel, Unamuno, Ortega y Gasset,
Sábato, Sartre, Satie, Mahler y Mompou.
Me asusta e impacta la consciente impenetrabilidad de Picasso, Miles y
Lezama:
me forman de *tabula rasa* a tesis; de exceso a abstinencia,
de pretexto y metatexto, verdad, falacia, sapiencia:

a discurso esquivo o directo.
Denoto complejidad, medianía, simpleza:
connotaciones intrépidas de utopías o lamentos.
Me crean y destruyen mundos,
me expanden y me asimilo en lecturas del universo.

Las orquídeas se demoran y premian a los ojos que esperan:
sentido viejo que aguarda a la muerte. ¡Qué pronto llega!

El ardid de la dialéctica

Estaremos definitivamente perdidos
el día en que nuestras esperanzas
dejen de afirmarse en lo utópico.
Por otro lado, estamos irremediablemente
perdidos si asumimos una actitud nihilista
en el momento en que discutimos el porqué de ESTAR y SER
en esta maravillosa tierra.

Maravillosa porque el planeta era una utopía aun antes de que el hombre
inventara la consciencia.
Tras concebir el estado de sapiencia en que establecemos
categorías y nos declaramos superiores a cualquier animal
sea *sapiens*, *homínido*, *neandertal rhodesiensis*, *erectus*, (la lista es interminable),
inventamos también lo utópico y el principio del bien y del mal.

El tiempo que transcurrió entre nuestra supuesta aparición
en temperamento de ameba
y el subsecuente desarrollo mental (léase cerebral)
que nos permite "inventarnos" es inmensamente mayor.
Es decir, en términos de conocimiento,
apenas empezamos a saber, conocer y reconocer
hace unos cuantos siglos,
que es como decir ayer o hace unas cuantas horas.
Esta aseveración mía, que no nos conduce a nada,
se suma a las otras aseveraciones (contrarias, acordes o comprometidas),
que luego aparecen y que tampoco conducen a nada.

Quiero pensar que el mundo estará mejor,
que se logrará la ansiada tasa de alfabetismo,
que se construirá la armonía necesaria que evitará una hecatombe final,
que se creará el substituto para el combustible que extraemos de las entrañas
del paraíso, que las religiones se convertirán en otra cosa o desaparecerán,
que las ideologías adquirirán genuinidad
y no serán herramienta para adquirir poder o perpetuarse en él,

que los pobres serán menos pobres y que los ricos serán menos ricos.
Pero también tengo el derecho a declararme realista.
Mi realismo radica en afirmar
que no tengo la llave que nos
llevará a una solución beneficiosa para todos.
Mi realismo se reafirma con la absoluta certeza
de que no soy el dueño de la verdad absoluta,
y estoy seguro de que tampoco lo son los que me leen.
Al fin y al cabo todo esto no es más que un juego de dialéctica.

Cuando el viento es amigo

Cuando se vuelve a la raíz de las raíces.
Cuando la ideología es visión profunda
y no vil instrumento en busca perpetua de poder;
cuando el mensaje es genuino y no cínica excusa
o autoridad para ingenuos y fanáticos;
cuando las masas son fin y no consignas;
cuando se respeta la individualidad
sin apoyarse en falsos proletariados.
Cuando la porción alcanza para todos
y la pobreza material es una definición,
no descaro y demagogia hacia el lucro.
Cuando se educa el impulso xenofóbico,
se elimina el despotismo,
se respeta la dignidad y la libertad de todos.
Cuando las versiones contemporáneas de la esclavitud
dejan de multiplicarse.
Cuando la globalización pierde su ambigüedad
y el oficialismo no es anónimo;
cuando los burócratas no controlan nuestros destinos,
y la transparencia es ley.
Cuando no se legitima la continuidad de cazadores y parásitos.

Cuando el odio milenario de tribus caduca;
cuando los impulsos que ciegan
se someten a fuerzas generosas y se equilibran.
Cuando la paranoia de la fuerza
(o fuerza de la paranoia) se calma.
Cuando se prohíbe el bombardeo indiscriminado
de inocentes durmientes;
cuando los ímpetus pseudónimos
cesan de matar a niños indefensos
que juegan y construyen su futuro;
cuando no se esparcen los hacinamientos de huérfanos
en la confusión de la noche.

Cuando el mismo dedo acusador se señala
y reconoce que el eterno,
inconciliable enemigo, es uno mismo.
Cuando no existen armas de adultos:
ni siquiera a imagen de juguetes.

Cuando el viento es amigo
Y las disonancias se amoldan,
se remienda la paz, se respira y bebe serenidad.
Cuando el viento es amigo y esconde su temperamento;
cuando las alfombras disfrazadas de granate
se peinan agradecidas por el gesto;
cuando las ramas armonizan los santuarios;
entonces, Cabernet la reina
se hincha, se alegra y se agrupa,
para luego irse a dormir en aparejadas barricas
a inventar el color.

APÉNDICE

ENTREVISTA CUASI APÓCRIFA A UN ENTUSIASTA ESCRITOR

Me place que me acompañes como amigo y colega en mis andanzas literarias y que me incluyas en las tuyas. Bueno, para empezar, lo primero que se me ocurre preguntarte es: ¿Cómo nació aquel prólogo original de *Cuando el viento es amigo y otras cuarentenas,* tu último libro?

"El placer es mutuo. Espero que tengamos más intercambios. Y en cuanto al libro, ojalá que sea por lo menos el antepenúltimo. A ver…Hace aproximadamente dos años, cuando ya había avanzado bastante en mi manuscrito, le pedí a mi amigo y colega Gene H. Bell-Villada que, por favor, me escribiera un prefacio. Yo había leído varias de mis cuarentenas en la tertulia literaria *La Cueva*, de la cual éramos participantes habituales, de modo que él conocía muy bien mis trabajos. Le envié por correo electrónico varias composiciones inéditas. En realidad, tardó mucho en responderme. El período de espera coincidió con la gravedad y subsiguiente fallecimiento de su compañera de tantas décadas, víctima de cáncer, ese silencioso mal que hace estragos."

¡Cuánto lo siento! He de suponer que tu amigo tiene experiencia en cuestiones literarias.

"Deduces bien; es un veterano catedrático que ha escrito varios libros analíticos, y es uno de los más reconocidos investigadores de la producción de Gabriel García Márquez. Además de crear dos colecciones de artículos y una de entrevistas, es autor de un conocido estudio profundo de la vida y la obra de este escritor colombiano, publicado en 1990, con una segunda edición en 2010. Recuerdo que tuvo la suerte de entrevistar al autor en 1982, apenas unos meses antes de recibir el Premio Nobel de Literatura".

Pero, en definitiva, no fue él quien te escribió la apetecida introducción.

"En realidad, no; ése es precisamente el detalle que provocó aquel raro introito que tú conoces a fondo. Gene me escribió, compartiendo pormenores de la fulminante enfermedad de su esposa. Cuando por fin me contestó, me dijo con genuina humildad, y quizás profundamente afectado por la situación por la que atravesaba, que no se sentía enteramente capacitado para reseñar mis cuarentenas, que, como sabes, así llamo al género literario que cultivo."

Hermoso gesto el de tu amigo. Fue entonces cuando acudiste a otro escritor para que te escribiera el prefacio.

"Efectivamente. De buenas a primeras, me dio por pensar que para alguien tan profundamente involucrado en tareas enmarcadas en la prosa narrativa, que abarca la novela, el cuento, la crítica en general, la historia, la política, y demás ramas en el campo socio-literario, la poesía ocupa un lugar terciario. O, digamos, talvez secundario, en particular cuando ésta se concentra exclusivamente en lo político-ideológico, como es el caso de la última etapa creativa de Pablo Neruda, el de las composiciones de Juan Gelman, León Felipe o César Vallejo, por nombrar unos cuantos. Es una posición que respeto y admiro, pero que en mi mesa de trabajo no llena un ámbito prominente."

De aquí deduzco que tu amigo no sentiría el mismo grado de afición a la poesía como género, que el tuyo y el mío en nuestros respectivos trabajos.

"Pues, mira, que fue precisamente lo que le insinué al recibir su caballerosa negativa, y él me respondió que, en efecto, sí le gustaba la poesía y que, de hecho, podía recitarme de memoria algunos poemas del Siglo de Oro español que aprendió de joven. Desde luego, ¿por qué no asumir que ese gusto por la poesía maduró orientándose hacia la prosa narrativa, y no sólo prosa a secas, sino prosa social, que es la que prevalece en el período posguerra?

Yo diría que la prosa es otra cosa, otro mundo que, indudablemente, tiene sus encantos; pero al fin y al cabo es una de las muchas aventuras que pueden ocupar a un escritor, aun a los que primordialmente se mueven en lo poético. La poesía, en cambio, generalmente cohabita con un peculiar tipo de personas: esas que se sienten a gusto con ella, sin importar la preferencia o idiosincrasia a veces extrema o excéntrica que caracterice al sujeto.

"Estoy muy de acuerdo: en la poesía existe una especie de encantamiento ancestral que subyuga a ciertos individuos; creo haberlo insinuado en algunos de mis textos. Es como si hubiera un enlace invisible, un pacto sagrado entre el abismo del cosmos poético y el que se sumerge en él o se deja abrazar, presa de los tentáculos de una misteriosa entidad que cautiva. Pareciera que aquéllos que se unen al grupo, aceptan una callada membresía en el gremio o sociedad de los escogidos; en fin, estamos hablando de una verdadera cofradía de afiliados unidos por el fino hilo de la sensibilidad."

Pero no olvidemos que dentro de las posibilidades, existe también la prosa poética.

"¡Oh, sí, cómo no! Claro que existe, y me gusta leerla y escribirla. Pero la prosa a que me refería es la prosa narrativa, particularmente la que trata, en muchas instancias, de "imitar" la realidad o de crear otra a su semejanza, y que me parece persigue un sino diferente. Ésta puede tener, ¿quién dice que no?, un toque magistral, aunque periférico, de ese espacio estético que nos regala la *poiesis*. Sin embargo, diría que, más que componente, es un ingrediente especial que la enriquece, mientras la poesía *per se* nos impulsa desde ciertos límites hacia espacios muy distintos. Al fin y al cabo, es el poema, y lo que éste encierra, lo que a seres como tú o como yo nos llama la atención. Es, en última instancia, ese tejido de silencio, con sus misteriosos recovecos lo que atrae como imán. Desde luego, debo aclarar que de ninguna manera quiero sonar absolutista, condición que no encaja en mi constitución nerviosa. Es un tema altamente discutible, y siempre me mostraré abierto a la dialéctica que éste podría generar."

Por esta razón acudiste a otro amigo, supongo, al que firmó el prólogo que, por fin, me permitiste leer. Si es así, entonces me atrevo a preguntarte: ¿Quién es don Insulano Fénix de Favila?

"Don Insu es posiblemente la más leal y antigua de mis amistades. Vivimos y compartimos experiencias, estudió lo mismo que yo, leímos los mismos autores, preferimos el mismo estilo de música. Siendo hermanos en contemporaneidad y circunstancia, con sus altas y sus bajas, somos producto de la misma escuela. En fin, tenemos tantas cosas en común que, en ocasiones, los planos en que congeniamos nos convierten en una sola entidad. Algunos cínicos se han atrevido a decir que soy su *alter ego*, y viceversa; otros se han ido por el camino de sus propias preferencias y han insinuado estadios que van más allá de una simple amistad. Tampoco somos los únicos. Cabrera Infante, por ejemplo, siempre aludía a otro individuo, si mal no recuerdo, de nombre Walter, cuyo apellido no logro desempolvar. En el otro extremo está por igual Henry Chinaski, quien tenía gustos también afines a la propia aberración y a la repugnancia a la humanidad de Bukowski. Como ves, son incidencias de vidas literarias o pseudos-literarias que respeto y que, francamente, no afectan en nada la privacidad de mis propios desvaríos."

Bueno, ese aspecto que desconocía me aclara algunas cosas que me inquietaban e interiormente me hacían sonreír. Ahora me atrevo a decir lo siguiente con completa familiaridad: nuestras lecturas e intercambios, me confirman que esa relación tan íntima, en realidad, ha sido muy fructífera.

"Definitivamente, mi amiga. Su presencia es muy poderosa e influyente en mi escritura. Demás está decirte que por décadas mi colega (llamémoslo así), siempre me ha dado una mano en mis períodos de crisis o de creatividad, que con frecuencia son un mismo fenómeno. Hace mucho que leo y escribo o reescribo, que es como Borges nomina la lectura seria e inquisidora. Tanto él, por su cercanía y disponibilidad, como la fenomenología borgesiana en aquellas disquisiciones bibliográficas tan serias y afables a la vez, han impulsado este afán de metamorfosear la inherencia de mis propias lucubraciones. Por supuesto, en la actividad de publicar, por lo menos en la de publicar un libro de mi cosecha, apenas soy un recién nacido: un párvulo que empieza a gatear, tarea que asumo con entusiasmo y devoción."

Y juzgando por la aparición de tus libros, los planes de publicación, más una diligente aunque discreta participación en actividades culturales dentro y fuera del área, me parece que vas por buen camino. Ya tienes publicado más de un libro, y me consta que allá afuera te están leyendo. Esto me lleva a la siguiente pregunta: ¿Qué opiniones has podido recoger de tus lectores?

"Bueno, como sabes, me desempeño en una órbita pequeña y privada. Dentro de la poquísima difusión en que me permito navegar, siempre firme en mi tendencia de estar alejado de los medios de difusión, las reacciones, todas diferentes e interesantes, en su mayoría han sido muy positivas. Te confieso que en mis delirios internos quiero ser considerado un poeta, aunque sea en letra minúscula. Debido a que usualmente me aventuro en varios géneros literarios, a veces rompiendo un poco las normas genéricas, en ocasiones respetándolas demasiado, y otras maridándolas con elementos inesperados de la realidad, algunos prefieren verme dentro de la narrativa. Los hay que se apegan al ensayista, otros al crítico literario o musical. Una porción igualmente relevante entre los que me han leído o escuchado en mis ponencias, me llama poeta, e inclusive a veces algunos suben la primera letra de esa palabra a mayúscula y reconocen mi voz en cada creación. Para mí, es una lisonja cordial y respetuosa, que agradezco y estoy consciente de que tengo que entrenarme para que me sirva."

Creo que nos pasa a todos. Es un obligado proceso cabalístico que muchos de nosotros debemos asumir. Y mientras tanto, en lo que "la corriente va y viene", ¿qué proyectos se perfilan en tu horizonte?

"En estos momentos, aparte de *Cuando el viento es amigo*, me ocupan dos manuscritos. El primero, que tiene como título *De autoría: ensayos al reverso*, es una antología con aproximaciones a diversos temas, algunos ya publicados, la mayoría todavía inéditos. El segundo, *La utopía interior:*

superación del dualismo en los ensayos de Ernesto Sábato, se proyecta como un acercamiento historiográfico a la obra de este oscuro escritor argentino."

Veo que, como de costumbre, tienes la mochila llena de ideas y planes en tu hidalgo caballear. Suerte en tus nuevas aventuras quijotescas, y gracias por las ofertas, siempre esperadas y bienvenidas de mi parte.

"Al contrario: gracias a ti por la visita. Reciproco efusivamente tus augurios."

Odalys Interián

"…lo cierto es que, hoy en día, nadie puede llamarse escritor si no pone seriamente en duda su derecho a serlo…"

Elías Canetti

Printed in the United States
By Bookmasters